Dinu Flamand
LA LLUVIA EN LA MEMORIA DE LA NUBE
Antología personal (1973-2020)
Traducción de Catalina Iliescu Gheorghiu y Omar Lara
Buenos Aires Poetry, 2023
168p. ; 15,24 x 22,86 cm
ISBN 9789878470665
Poesía Rumana

Editorial Buenos Aires Poetry 2023
Director, Juan Arabia
Diseño editorial, Camila Evia

**BUENOS
AIRES
POETRY**

BUENOS AIRES POETRY

editorial@buenosairespoetry.com

www.editorialbuenosairespoetry.com

Dinu Flamand

La lluvia
en la memoria
de la nube

Antología personal
1973-2020

TRADUCCIÓN DE
CATALINA ILIESCU GHEORGHIU
OMAR LARA

Dinu Flamand

LA LLUVIA EN LA MEMORIA
DE LA NUBE

Antología personal
1973-2020

Traducciones
Catalina Iliescu Gheorghiu
Omar Lara

De *Tags, 2002*

Estos poemas son como las dos caras de una súbita montaña que aparecía en la biografía del autor: el momento de su exilio en París, a partir de 1989. La primera parte habla de la asfixia de alguien que intentaba respirar con normalidad en un régimen comunista donde la gente aprendía a reprimir sus palabras en lugar de pronunciarlas. La segunda parte va a tientas al otro lado de la misma montaña que desciende hacia un paisaje donde, es cierto, el famoso Muro de Berlín había desaparecido, pero donde aún no se vislumbra la perspectiva de nuevas esperanzas. Desde algún lugar en este descenso, el poeta intenta recordar la ruta recorrida, imaginando qué sería posible. Como si la nube recordara las lluvias que la dejaron. Al final también hay un poema reciente, original. D. F.

LA LLUVIA EN LA MEMORIA DE LA NUBE

Primera parte

POEMAS EN APNEA

De *Poemas,* 1973   Traducción Omar Lara

POEMA FASTUOSO

La soledad en lo profundo retórico
tristeza de agua, muda —
con la boca en la boca del ahogado, sorbes de él
aire de sangre y agua.

Con los ojos abiertos en lo hondo retórico
donde hay un poema fastuoso.
Con los ojos muy abiertos a la tela de las frases...

La última palabra del ahogado
balbucea en la superficie en una lengua extraña.

LA GUERRA DEL PELOPONESO

La primavera nos sorprende en el mar, rumbo al desastre navegamos,
el trigo germinó en el casco del velero, trigales
flotantes, de noche nuestros campos
crepitan bajo las Pléyades...
Los barqueros tienen el sueño sudoroso, su oído impregnado
del canto de los mirlos
lejos de la orilla verdece ahora
para nadie
el árbol de la paz.

Rumbo a Poniente navegamos, oh, es sabido
Que nuestras naves arderán en puerto ajeno,
Desgarrarán sus lanzas nuestros cuerpos,
Cual frases largas de una oda,
sus lanzas desterrarán el alfabeto,
y fundarán la altiva y larga era del caldo negro...

Veo las salinas de Siracusa
donde nos echarán, vivos y muertos, apelotonados.
Los buitres del Mediterráneo nos darán sombra
mientras en nosotros se apilan
el hedor y la peste de la historia.

HERMOSOS ANIMALES

Hermosos animales, formas en el cielo,
apacible y sumiso un animal — desesperación
viene y bebe de tu mano. Después te muerde
animal anfibio, como la espera.

Y al animal de la oscuridad en los días breves
la tiniebla atrae hacia campos de invierno,
arde en su melena una semilla
de la primavera que fue.

Fíjate, saco mi mano telescópica
— pasos de los dedos por tu rostro —
mira, te acaricias el lugar hinchado,
el hormiguero de estos dolores.

Hermosos animales. Cerca de tu corazón
un caballo de blanco hocico rumia avena, sin prisa.

*

LA LOBA

Como la loba del parque tú amamantas
el imperio de mi hastío y cambias el agua a las flores
y haces el movimiento de una bandada
pájaro grande y flojo hacia el invierno.

Llevemos la loba a casa,
¿la ves? amamanta en el parque y hace frío

y Rómulo y Remo maman
su leche helada. Y nevará.

Los que no tienen casa tienen vastos imperios,
como la loba hueles, juventud aviejada
a la sombra del hielo persistamos
con una rodilla en el polvo.

Mejor te digo un cuento. Ha mucho tiempo
nuestra vecina se ocultaba en el cobertizo
por miedo a los impuestos. Un invierno
encontró una loba metida en el heno.
Puedes imaginar
esos ojos brillando y el calor del pesebre,
respiran lentamente, como reses
en una fraternidad pobre y humana.

¡Eh, llevemos la loba a casa!

De *Estado de sitio*, 1983   Traducción Catalina Iliescu Gheorghiu (p. 23 – p. 40)

Traducción Omar Lara (p. 40 – p. 53)

MI CABEZA EN EL ESTUCHE DE LA VIOLA

Aquello que tú no puedes ver mientras duermes
Sobre la nube de mi insomnio
Aquello que no puedes tocar con tu febril cadera
Asomada fuera de la manta, como una piedra de río
Aquello que se desliza bajo el incendio de tu aliento
Y llega de los suburbios entre raíles de tranvías, rechinando
Como oxidados pecios sobre cumbres marinas,
No es sino el aire que ambos respiramos
Es la melaza rancia, esta melaza utópica
A la que se ha acostumbrado nuestro estómago y su autofagia…
¿Y nosotros? ¿Cuándo viviremos?

Mi lengua en la boca le tiene miedo al empaste,
Lo rodea, con precaución, y llega a aceptarlo…
¿Y nosotros? ¿Cuándo?

En los acuarios de mi sueño crece basura onírica colectiva,
En el grafito del lápiz se producen a diario grandes deslizamientos,
Me muestro ante mis pocos amigos en una niebla compacta
Hablo con las verduras podridas, tengo tics
De espontánea gratitud hacia las instituciones, he adquirido
Unos pies de plomo con los que trato de huir…
Por espejos deformes encadenados
se dirige mi hija hacia mí
Vislumbro la bofetada que me aguarda
Y que golpeará implacable mi rostro
No mucho antes de acabar el milenio
Mirad, enormes estadillos se nos muestran
Con restas y multiplicaciones, con orgullos
De nación pequeña que licita
Sus graves dudas y también sus nimiedades
Y sobre el talud del ocaso se ven subir
Insignificantes oficinistas para encolar
Las palabras con los hechos
Las cosas con sus nombres
A mí contigo y con nuestro amor que desvía
Los campos magnéticos
Y la postergación, ya la postergación, y la postergación
Agarra de los tirantes
Los calzones de la esperanza

Aquello que tú, desde la hondonada en la que duermes
Aquello que tú, y, a través de ti, yo, y a través de mí, nuestra hija
Y la muerte cúbica que aguarda precisa
Engarzada al despertador de los dioses
No vemos,
Es el sentido de esta enemistad que nubla nuestra única vida…

Aquello que
El viento campestre de Transilvania me trae

Parece una nevada de anestésicos…
Mi lengua teme mis palabras
Sueño con estar en un mar de coral
Pez-payazo
Agazapado entre venenosas anémonas de mar…
Abro al alba la ventana y vuelvo a ser objeto de la historia
por la calle pasa en una nube de perfume irónico una joven
que lleva en el estuche hermético de su viola, mi cabeza
La muerte en mi cogote mira mi escritura
y me acerca de vez en cuando la polvera con finísima arena
que espolvoreo sobre las letras. Secatintas…

*

ÁRBOL DE CAUCHO

Bueno, vamos, tranquilízate
Ya está…enjuga tus ojos
Deja que la lágrima de alquitrán se
So
Li
Di
Fi
Que…
Eres como el árbol de caucho
Se escurre de ti, blanda y elástica
La desesperación. Absurdo. Otra comparación
No he encontrado. Ya está. Envejecemos
Las palabras lo saben, aunque no lo sienten…
No me dirás que no lo sabías,
Hubo avisos, no me dirás que no
Recuerda

Cómo en la noche del primer amor
Se esfumaba el topo, cazado por nuestra linterna
De igual modo se esfuma en la negrura, el año venidero…
La luz se vuelve cruel
Hunde el helado filo de la navaja en tus ojos.

*

ORDEN Y DESORDEN

Primero llega Hamlet, el aristotélico
En pos de él, un Yorick más difuminado
Yorick, con su ceñida lógica de las tinieblas
Lleva en su calavera a un Hamlet dispersado

Se pinta de amarillo el día de su encuentro
Con un estrato de moléculas de agua
El átomo y su estructura se calientan en el cráneo
De Yorick, que, en hamletianos huesos fragua…

Y ambos hamletizan sobre el coloide social.
Uno vertiendo polvo en la balanza de droguero
El otro, ávido, escrutándolo por dentro
Repara ese desorden de hormiguero.

El otro convertido en cristal pardo
Con el anillo principesco coquetea
"que herede, se dice a sí mismo, el ser y el no ser,
y hasta el célibe electrón, suyo que sea".

El mundo todavía parece perfectible
A veces, Diógenes, el perro, deja su cabaña

Vagando de un estado a otro — ovillo gaseoso
Fanal de niebla porta bajo su pestaña.
Diógenes-sepulturero se asoma al cementerio,
Y escupe al hoyo huesos de oliva
Desde un rimero de féretros — en lo alto:
"Dejadlo estar, muchachos, esta es definitiva".

*

LOS AROMAS DEL PARAÍSO

Cada día a las siete de la tarde
Pasa por la calle la hilera de niños ciegos
De la escuela de al lado. Ruidosos…
Juntos se animan hacia el internado
Y hacia la cantina — rebaño en un universo de espantos…
Se llevan al pasar la nieve de las verjas
Que se posó allí al alba. Lamen los aromas del Paraíso.
Ruidosos…
No hay titubeo hacia los márgenes,
No hay paso en falso hacia lo desconocido…

Quién te contempla, quién vela sobre ti,
Y desde qué balcón,
¿Desde qué calle? — humanidad doliente…
Ruidosa…
Que sigue a tientas el sendero.

OVIDIO EN TOMIS

La mañana entera deambulamos por los aledaños del puerto
para alquilar una ilusión. Te divisé
entre grúas, sobre el nuevo dique;
dirigías camiones de báscula llenos de gravilla,
a hurtadillas te tomabas un trago
el viento daba caladas a tu cigarrillo, tenías abierto el plumífero
y sentías frío (llevabas años quejándote del frío,
en Sulmona, naturalmente, no habías visto el mar helado
ni cabellos de témpanos en las mujeres
tintineando como lámparas al asentir).
Para llamarte
usé la ráfaga de gaviotas que te rodeaban
recogiendo la calima del mar.
Tu gesto fue de hastío.
Empiezas a mentir, escribes a los tuyos, lejos
que te amenazan los navajeros,
pero te juntas con la escoria del puerto,
tu galimatías de lengua se oye en cada tasca
bebes vino agrio, a las muchachas de piernas largas
les confiesas cosas turbias
las tientas con tu tabaco de contrabando,
lloras en su regazo, y dios sabe qué otros
trucos de poeta empleas
que dejan en tu boca saliva de hierro colado.

Te fundes la paga en pocos días,
te cuesta encontrar, con paso titubeante
la parada del trolebús. Te quejas, te abres camino a codazos,
te peleas, maldices en traducción libre
al regresar a casa con una larga barra de pan
bajo el brazo;
te encierras luego entre cuatro paredes,

comes encima del periódico con rancias noticias,
muerdes con ansia el chorizo seco y miras
agotado
la lluvia empujar un ave muerta hacia la cuneta...

Te afeitas cada tres días,
Escuchas en el ronroneo de la afeitadora
La voz de las sirenas. Meditas en los lechos de piedra de
Pompeya (por un puñado de monedas el guardia del lupanar
te alumbra las paredes con escenas eróticas).
En Ugarit viste
Pesas de báscula en forma de cráneos humanos
Y ardes en deseos de saber
Qué peso tiene ahora tu cabeza en la balanza del imperio,
En Atenas cruzaste el Ágora en metro,
Vendías por aquel entonces folletos, calendarios,
Productos de belleza y consejos eróticos,
Irritabas a los que ostentaban el poder, hasta que averiguaste
El punto de ebullición de una lágrima.

Recibes cada vez menos correspondencia,
Con nimiedades y noticias huecas: dicen que a la augusta Livia
Un águila le arrojó al regazo un gorrión
Con una rama de laurel en el pico. El misterio
Parece atormentar todas las ilustradas mentes, en palacio.

Te han olvidado...
De nada sirvieron los hexámetros y pentámetros del exilio,
Las *Tristias* no enternecen, incluso cohíben con esa falta de dignidad; tuya;
 en Roma se lo pueden permitir, han sido siempre unos
¡maestros de los elevados sentimientos!
Gutta cavat lapidem — perfora,
¡Perfora, viejo amigo, la piedra del horizonte
con tus lágrimas punzantes!

Vende tus intestinos en vida
para sus raquetas de tenis,
perfecciona tu mitridatismo: ingiere a diario
dosis progresivas de esta nueva tristeza que
al final
mata irreversible…

¡El César ha muerto, viva el César!
rellenas tu tintero, retomas tus lisonjas
un pérfido destino te empuja a tantear
el panegírico también en lengua bárbara.
Maltratas la gramática esteparia
para que exprese tu lamento habitual
creas nuevas *Epístolas* — quién sabe — tal vez tengan
más aceptación en el banquete imperial
en pos del baile del bufón, hasta que lleguen las perdices
rellenas y especiadas.
¡Cómo imaginar que fueron sobornados los carteros
por miedo a que se impusiera un nuevo estilo,
y tus *Epístolas,* perdidas para la posteridad!

*

PERPETUUM MOBILE

Este es el sueño en el cual el perseguidor me atormenta:
yo en la cabina del ascensor, a una altura embriagante,
agarrando también y o con los dientes el cable de sustento.
Imagen de mis días… tiro del catgut con los dientes
para cerrar las heridas. Encuentro en el dolor
el cloroformo del dolor. En el Infierno
el nivel de las aguas se eleva hasta la inundación.

Arrastro tras mí un cuerpo
enredado en sus propias amarras.
Perpetuum mobile en el sueño nacional[1],
en el sueño del apático perseguidor al que empujo

y el que a su vez me empuja. Espera

derramada sobre los muros, palpitan las paredes en la

vertical:

traqueteo de chatarra, la pesadilla se reproduce
en la noche del día pleno. Navego
por los sótanos y me llevo a la silga.

*

POEMA CIRCULAR

Separándonos me dejas en los poros miligramos
del precipitado de misterio que te anuncia,
mira, me abrasa una epidemia de atardecer,
enfermedad de la piel de las nubes — música violenta.

Entro confusamente en un sueño apócrifo
dejando que una parte te acompañe
como un color casero, paso a paso,

[1] En 1983, cuando se publicó en Bucarest mi libro *Estado de sitio*, tuve que luchar contra la censura en casi todas las expresiones. Aquí, por ejemplo, no podría aparecer la alusión a la situación de terror y postración en mi patria. Tuve que aceptar en la edición original la expresión "el sueño de la acción", que también tuvo que retomar Omar Lara en la traducción de 1984. Pero sabía por Borges que "la dictadura es la madre de la metáfora". Porque a través de la metáfora se puede engañar a la dictadura. El hermetismo excesivo se ha convertido así en mi protección.

en la cocina donde bebes el café,
bajo la ducha,
en la hierba del techo que te mira.

Llevas una campiña en los guantes colgados al cuello,
cornejas, el tren con emigrantes, la juventud ignorable.

¿Quién eres tú que te bañas dos veces
en la misma lágrima? ¿Y la lágrima quién te la saja
en una lámina de microscopio? Te imagino
en los estratos geológicos del aire
con toda la agitación de tu cabello,
a través del astigmatismo de mis ojos de costumbre
gemelos.

Quién eres tú, la que pierdo
como solo Espartaco había perdido la confianza
en el temprano feudalismo, el futuro de oro…

¿Quién eres tú equinoccio del avaro,
sentido de los planetas hoy alineados
y de los cuales los pueblos esperan cambios sociales?
¿Quién eres tú polen congelado, que
separándonos me dejas en los poros miligramos
del precipitado del misterio que te anuncia?

IOANA

Cuando mi pequeña parpadea y las golondrinas
levantan el vuelo
desde el alero de sus pestañas,
cuando decide borrar la costra de la realidad
comienza con las flores de la alfombra: las rocía con agua
para que crezcan
y se abre un jardín de amarillos por el que flotamos todos;
pero ella venda las heridas del cielo donde se ha herido
de tierra,
esconde una nube en el bolsillo. Nosotros ya no existimos...
Trata de poner orden en estaciones y cifras,
el otoño se puede llamar "señora", tres sigue a diecisiete,
los dedos hojas, hierbas, la uña del anular
un pez. Nos aturde tanta crueldad...
¡Exigimos nuestros dedos en número de cinco
con unas cuantas triquiñuelas pedagógicas!

Entonces yo voy de rincón en rincón explicándole
lo que es el dolor (vaca de lágrimas) por qué estruja
humedad de nosotros, entonces yo
pongo el círculo sobre uno de los lados, tomo del aire el aire
y lo entibio en los puños, doy vuelta el cuarto, pongo el techo
donde debe estar, tiro el toldo a su sitio
con el tranvía-tranvía, con el monte-monte, con el pan-pan
y con todo lo demás (sabéis) del verde al ceniciento.

No me sorprende que llore.

— "Ven para decirte algo al oído"... y bss-bss me lanza
al pabellón un austro con corderos ensortijados,
el lóbulo de mi oreja se estremece como una doncella
visitada en el tobillo por un río de marzo.
No me sorprende que ría..

SI HASTA LA ETERNIDAD...

Si hasta la eternidad va a ser color ceniza
igual que estos días que amontonan
sus blandos huesos unos contra otros,
creo que habré de aceptar vuestra sonrisa,
pero en la comisura, la gota de saliva también,
y aceptar esa virtud con la que, amor mío, te embalsamas,
pero tu santa disipación también
ramera hogareña,
y aceptar mis ráfagas de desespero
donde el compadecerme de mí mismo halla cobijo...

Qué música tan fría llevan las nubes hacia el sol,
podrías dibujar sobre la luz caminos de ceniza...
Yo ni siquiera hoy, en mi póstuma juventud,
no atino a manejar los reactivos de la explosión
en la cámara que hay bajo el esternón:
la fusión de la semilla de tristeza
con la alegría que ella misma expresa...
¡de pronto, una llama tenue!
Luego la noche me coloca sobre el rostro
la máscara de oro de los faraones; puedo ver
en árboles de mi infancia, nidos de primaveras de antaño,
con pájaros llegados de otro mundo...
Tiendo la mano y encuentro a la serpiente...
Me baño en el río de la sierra y salgo sin mojar...
Y por encima de montañas floto, pero el aire
me rechaza...
Alcanzo el puerto de partida, y es demasiado tarde...
Demasiado tarde, demasiado tarde en todo.
Los buitres cubren las estrellas...

PIEDRA EN RÍO

Llegará un día en el que digas NO en la casa del SÍ,
perplejo porque te señale a ti la mano del destino.

No estás dispuesto, aún te tira atrás
el pánico a las consecuencias con raíces clavadas
en lo hondo del miedo colectivo.
No puedes esconderte,
no puedes ya quedarte o marchar;
dibujas en tu pecho la cuadratura del círculo, te rajas
transversal el corazón
con gesto anárquico. Respiras en tres tiempos:
SÍ y NO y SÍ...
Pero de pronto, sin advertirlo,
mientras dejas reposar el cansancio,
mientras se agria una vieja ilusión,
mientras en lechos de pálida sangre se decanta
la tristeza, mientras la electricidad de la sombra poliniza
el instante ya pasó...
El futuro te tiende zarcillos
de planta trepadora... En la penumbra esperas
la metamorfosis...
¿Pero, por qué sonríe irónica la luz desde la sombra?
¿Por qué a carcajadas ríe la sombra en la luz,
y por qué tu presencia no es visible ni siquiera
como piedra de río, por la que pasa el fluir de días,
sin pizca de importancia?...

FRUTAS TEMPRANAS

Está en la costumbre de este invierno arrojarme en el
                                        sueño
los terrores de los siete años: la serpiente merodea
el plato con la leche, un animal azul que trenza
las colas de los caballos, la oscuridad del heno teje peligros,
la ropa del difunto colgada en el perchero tiene una forma
                                            rara.

Después el Viernes Santo, ocho, diez en el cuartito
arrodillados, respondiendo en coro
¿habéis mentido? ¿habéis robado? ¿habéis codiciado
la mujer de tu prójimo? ¡Y nosotros sí, y nosotros sí!
En una turbia fiebre esperábamos conocer
tantos suculentos pecados. Ternura prometida,
pelo la cáscara de las palabras con las uñas,
ciruelas tempranas, agrias frutas tempranas…

*

ACUERDO GRAMATICAL

Qué belladona de invernadero, nuestro amor
qué monstruo sintáctico, si lo puedes imaginar,
algo acordado en la dualidad del eslavo antiguo
con un sustantivo gótico defectivo plural;

runas de mi pelo caído en los rincones…

Y porque me preguntas, te respondo
cuán suave me parece el acuerdo balcánico

"ellos es felices". Infinitamente más poderoso
comparado con los acuerdos entre grandes estados,
más durable, más sólido
que la relación licenciosa de los electrones,
que el cinturón de seguridad, que la espuma de las
                                        radiaciones
de la pelusilla del planeta.
Yo te grito amarillo, tú me hueles líquido,
de mi vengüenza de escribir nace un protozoo
y empieza a iluminar con alboroto.

Mediocre y pegajoso
lleno los panales del día con música de Sibelius.
El ha enlutado las trompetas, nos ha enviado un cisne negro
y lo tenemos en la cocina, bajo el lavaplatos.
Vamos a atiborrarlo de granos,
hagamos, demonios, algo con esta tristeza
capón.

*

UN PUÑADO DE BARRO

Un muchachito (más o menos como lo hubieras
                                deseado — pecoso)
irrumpe de la casa y comienza a volar,
los tímpanos le estallan de felicidad,
es un verano como el cielo, orugas roen-ronzan
las hojas de la morera.
Podría alcanzar las nieves, podría
voltear carneros sobre las nubes
con la varilla de avellano. Él distingue

una hora antes la piedra con la cual
tropezará el borracho de la taberna,
él escucha de lejos el viento que llega
a levantar en la nitidez de los faldeos
las casas transparentes. Lo llama la larva
del capullo de seda, pero también la seda
soberana sobre los esclavos de las hormigas, se apoya
en la curvatura del aire, masca las frutas del arcoiris.

De este modo te lo doy, en cuatro dimensiones,
antes de su caída. Hacia el mediodía
lo llamará una voz, tendrá sed y entonces beberá
de un puñado de barro el agua de la extinguida fuente.

*

DETALLE CON PERSONAJE LIRICO

Crucificado en un arpa, con el cuerpo atravesado
por sus cuerdas doradas, sufriendo con distinción,
vacío y patético — él,
en el detalle del "Jardín de los placeres"
de Bosch. Crucificado
junto al laúd legañoso, entre
putas, homúnculos, reptiles, bichos, cimbales
en complicados placeres...
Parece grandioso, aunque
la mancha no es más grande que
el ángulo ancho del pie.
Husmea alrededor placeres palurdos
como sorbe la mata de genista el olor de la violación.
Lo puedes presentir por una náusea honesta

preguntándose si no sería más adecuado
extender un "re" del contrabajo
como una cuerda de ropa entre siglos infectos.

*

EN LA REFRACCIÓN DE LO REAL

Hombre saliendo del sueño en la refracción de lo real,
deformado por el día agresivo.

«¿Me habéis llamado, agentes de las cuentas?»
Ahí está la sangre en el jardín y plumas arrancadas
en la blancura de la nieve,
Ahí está el vuelo plomizo de estas águilas
Que hacen la digestión en las alturas,
Ahí está la ratonera diaria, el terror rancio.
La caza continúa...

Hombre saliendo del haz del espejismo colectivo,
Bajo la línea de flotación... ligeramente inclinado,
Ondeando en el atardecer como el ropaje de los ahogados,
Ajeno a todo, apenas si se atreve a tocarse
El rostro con la mano...

«He sido, ¿habré sido yo el Hombre
Al que le prometieron los atuendos púrpura?»

La multitud ahora me arroja piedras
Y se me burlan gritando:
...mísero porfirogéneta...
          ...mísero porfirogéneta...

ENTRADA B

Tú a mi lado calentándote
y yo ardiendo a tu lado
erectos como jóvenes piceas en el lecho del río,
en el noveno piso, bajo la luna.

Bajo nosotros en el octavo piso
y bajo ellos en el séptimo piso
y también bajo ellos en el sexto
y de nuevo en el quinto
y otra vez, otra vez en el cuarto, el tercero
y en el segundo y en el primero
y bajo la tierra
en latas de cemento
en parejas congélanse y caliéntanse
y es noviembre.

En el espacio vacío entre dos edificios
sacan a Joseph K. Tiene las manos
cosidas discretamente a los bolsillos.

*

EL OJO INMÓVIL

En todo con desesperación. ¡En todo con prodigalidad!
Con guantes de sudor toco este cuerpo,
por corrientes subterráneas cava el topo benedictino;
poema ciego, sin temor — que arrastras
una carretera por el desierto, una real
avenida de púrpura,

por ti pago un alquiler confuso
y deshago en sonrisa el alveolo de la encía
y trepo mi pensamiento hacia doradas campanas
y envío a la mano izquierda a acariciar las vértebras
de la soga.
Alabado seas poema sin temor y alabado
tu atasco y alabadas
tus esperas y la inmovilidad de la mirada
y el pedrejón de tu cuello colgante
(oh péndulo del suicida, y sobre el puente nadie).

Presiento el vacío trágico, el perfil
cuando miro con ojo inmóvil el tablero de la mesa
de la cocina,
alabada seas tú madera sin nudos
y tú astilla verde intensamente empapada de jugos
que penetras bajo mi uña.
Miraré en aguas brillantes — algo se coagula,
en turbio día algo se precipita y me doy cuenta de esto
por la manera horrible de morderme las uñas
y también veo la brisa de la ilusión flameando
al cuello del apestado.

Sobre la pereza viscosa, esperando,
sobre la flor de la metáfora aplastada bajo el pie,
sobre la huella que deja el poema — no mucho más que
las pelusas del forro de un abrigo viejo
cuando saltas
la valla de alambre de púas.
Sobre los dedos que hurgan la verdad
como si hundieras las manos hasta los codos
en un diván roto,
como si en la oscuridad encendieras una extraña palpitación
de animal

hediendo a alga podrida. Oh,
metáfora de las crines del caballo,
trenzaba en su áspero pelaje una infinidad de frases
para los días de feria,
pero en los panales empezó hace ya mucho la fermentación
de unos viejos y amargos pólenes.

Alabanza del ojo inmóvil en amistad con la fijeza.
Una luz de luciérnaga salta sobre la arruga del cerebro,
una hormiga roja recoge migas de pan
de la cubierta de la mesa.
Alegría del ojo y alegría del laberinto
de la oreja y alegría de la nariz próxima a la manzana asada
y la fiesta del oído al ácido crujido del
alambre oxidado (lo rompes con el dedo
y la sangre brota de la pulpa),
alegría de cosas enteras y de una media naranja
y del agua dulce de un grifo cobrizo
en una casa abandonada. Alegría por la aspereza
de la camisa campesina y por los pequeños puntos de fósforo
bajo la sábana en la articulación de la mano.
Llevaré en todas mis guerras
la hebilla oxidada
que cierra tu sonrisa.

*

SELF-SERVICE

Le tiemblan las manos. Vacila
entre la sopa de huesos y el pescado morado,
se deja llevar por el tumulto, mira de nuevo atrás

contando mentalmente las monedas,
iluminado
por los tubos fluorescentes del escaparate
como un actor fáustico en escena.

Una jarra de cerveza cuando termina el día,
un panecillo de pedernal en el pasillo del tiempo.
¡Sírvete solo!

Ahora se detiene y descansa
en la niebla
sobre los peldaños de la escala social.

*

LA CAMISA SUCIA

Mientras me cambio la camisa sucia
mientras de mal humor rumio mi pena
mientras rezongo y temerosa
se va la araña por la galería
mientras hurgo en mis trapos
y diviso
la mitad de mi rostro en el espejo
detrás de mí demonios diminutos
ratas grises de la soledad
ríen a carcajadas y me sacan la lengua
seguros que nadie los ve.

HIC VIVIMUS

Edad
pino al borde del abismo;
raíces (más en el aire)
captan la oscuridad.

Sólo ellos, con lanzas arrogantes,
sólo ellos, con los sínodos del terror,
con la conquista, con «Nach und Nebel»,
con las pirámides de cabezas cercenadas,
con su petróleo y minerales
intergalácticos,
con sus cerebros de reptil,
con su civilización de hipotálamo
hipnotizándonos
sólo ellos con el poder. Siempre sobre nosotros.

¡Ríes, Juvenal! *"Hic vivimos*
ambitiosa pauperitate omnes"…

*

AUDACIA DE SATURNALIAS

En esta ocasión estaba con el rey. Decantaba
uno dos tres incluso cuatro de los problemas
extremadamente urgentes. Mi gene aberrante
tenía un tic de adolescencia,
asombraba las antecámaras con persuasión,
crujían las pajas bajo el estucado.
Lo agarro de repente y lo obligo a mirar

por el ojo de la cerradura el universo. Le muestro la
consistencia
del negro y la pegosidad del blanco,
lo obligo a confesar; una necesidad
perfectamente entendida le inyecta con bruma.

Le enseño mis dibujos rupestres — la sombra
que brota le meto su mano en mi boca y palpa
mis encías podridas por el escorbuto. En vano. ¡No
entiende!

Entra el niño de repente en la habitación
y me sorprende. Me da vergüenza. Oculto el papel.
Empiezo con un gesto mecánico a limpiarme
las gafas.

*

MIERCOLES EMBALSAMADO

El miércoles da vueltas y viene el miércoles
embalsamado colgando de tu balcón como breñales
en la boca de la ballena. Hay algunas pilosidades en el
cadáver del cielo
en pleno genitivo matricial del atardecer.
Yo te clavo en pleno genitivo
la idea del hijo futuro,
un hijo que el miércoles trae al mercado para cambiarlo
por un miércoles,
el miércoles de ceniza por el miércoles embalsamado
por el miércoles de los miércoles — ¡viva el mercurial!

Me sería estupendo — no digo no — encontrarte
en la comarca de cajones y colinas
con mi sonrisa de arenque escéptico
masticando una ilusión orgullosa.

Y tú embalsamada como el miércoles,
y de ti el nudo de contradicciones esperando apenas
se deshile en el mundo de la prevaricación metafísica
en filas de miércoles sucesivos.
Pero no.
No y no. Ahora sé: ¡Todo está!

*

OTIUM

Parece una tapa de ataúd sobre los ojos
el libro abierto bajo el que intento dormir
con los párpados palpando el espejo negro de las páginas.

Vidas, dogmas y dichos memorables de los filósofos ilustres
de Diógenes Laercio — alejandrino tardío adormecido bajo
                                                    tratados,
ahora tumbado al sol como un lagarto
en algún lugar de los templos divinos. Sueña fuerte y
                                            mundano
y la alta moral de los griegos nos la envía
para meterla en demenciales reactores.
Sale del agua de una cita
tirando de la mano al otro Diógenes,
al andrajoso «Sócrates el demente» (y por fin
el capítulo se llena de vida verdadera).

El vagabundo de la dialéctica me tiende la mano,
pero no con los dedos doblados (¡él lo sabe!),
me alcanza un bastón nudoso para saltar
desde la boca del Tártaro,
me tiende un saco remendado para vestirlo en todas
las dignidades del mundo,
me tiende cuatro aceitunas secas para las tres
estaciones del decenio,
me tiende en el suelo la mancha de la nube para dormir
como él mismo se tendió en la tumba:
con los ojos en el polvo,
con las manos apretadas bajo el diafragma,
con las orejas en el hueco de las rodillas,
con la boca en la teta del universo,
en el líquido amniótico del futuro.

*

EL LADRILLO REFRACTARIO

De mi pecho sale un grito como bramante nudoso
— calendario de los aztecas, días por ovillos —
pero las plagas dislocadas caen al fondo,
allí donde murmura un agua turbia.
Hay invisibles efectos de la caída,
y los circulos del olvido nos encierran
precisamente cuando la memoria hace ejercicios de libertad
y sobre las notas del bramante gritas: ¡No olvidar! ¡No
                                                  olvidar!

Confundo todo con el atroz fin
del desconocido santo Akindinos — que me da el nombre,

cristiano primitivo y fanático (aunque en griego
"el que no puede hacer el mal" sería su sentido),
arrojado al homo (¿por quién?) el 2 de noviembre
junto con Pigasio y Elpidiforo, de la misma calaña,
y los tres — ¡los refractarios! — empezaron a arder por una
idea
con más verdad que mis flojas palabras — puedo decirlo,
los tres otorgándose el calor de los ladrillos refractarios
y los tres tragando triplemente el calor de la tierra.

No de otro modo
el grito enardecido dentro de mí,
no de otro modo me abraso en el horno de aquel grito.

*

EL ARANDANO Y EL RELAMPAGO DE LA SOLDADURA

Aguines enanos. Aire de cristales menudos
tintineando en las cumbres de los Calimanes donde el
arándano
selvático traicionaría secretas afinidades
con tu sexo de esta tarde... por otra parte
intento abrir una rarefacción
entre los hormigones del nuevo barrio proletario
mientras diviso tu cara contrariada, carbonizada,
en la noche, a la llama de la soldadura vecina.
Allá puede presentirse un individuo inclinado
pegando más sólidamente la balaustrada sobre el vado,
(caerá — ahora o dentro de unos años, qué importa —
consolida el esqueleto del barrio flotante;
una última palanca, un detalle en la balsa de la Medusa,

nuevas armaduras en la camisa de fuerza de dormir,
una frase en el cielo de la noche, de tres sustantivos
                                        soldados,
un pentámetro casero, barra dura en manos del destino.

Pasa mi lápiz por el fuego y llega a mi mano
lápiz de ceniza,
se escurre el relámpago por la ventana y se apaga
en el agua límpida,
en el agua de monte traída con premura,
en el piano de la cascada que te inunda el lecho.

Y ahora sueñas bajo los relámpagos del verano
el arándano y la zarzamora y la frambuesa y la pequeña
                                        vegetación
de los montes mayores, de los montes menores —
y las alucinantes hierbas de mi meseta transilvana
y las praderas y los extensos ríos del techo.

*

CONCESIVA, CONSECUTIVA, INCIDENTAL

El comienzo del poema tiene la estúpida insolencia de
                                        los bonzos,
predica marchas invasoras, llora de impaciencia
                                        e impotencia.
Pero la trama del silencio mirada al microscopio
se desgarra como labios demasiado salados
en el polen humilde de la tarde. Se envían fundadores,
conquistadores someten por turno terraplenes
y desmontes de un desierto liso como la palma de la mano;

se asume, se traen a los pies los imperios,
se edifican acueductos sobre la costra de nuestros tristes

       orgullos
de hombres crueles. Si tuviera algo de dignidad
el poeta debería avergonzarse — lo digo
avergonzado y mintiendo, plenamente sincero y simulador.

Sin embargo aún quedan concesiva, consecutiva, incidental
con todo aquello que indeciso es y humano,
y su débil quejido — para nuestra felicidad —
puede reconstruir una civilización
(más allá de la «verdad del poema»,
más allá de la famosa «verdad de la vida»).

Queda incidental al día cayendo como una piedra
en el ocaso infinitivo,
incidental a las siete vacas flacas luego de otras vacas flacas
en el incidental horizonte de nuestro siglo
simbolizado en dos pares de manos rendidas.
Queda el protón adjetival, de una hermosa perfidia
semejante al cerebro cuando piensa en sí mismo
(omega de un cuello de cisne en el espejo),
quedan, en los dos extremos, los dedos de la frase
y en el corazón de la consecutiva la alianza de un cemento
                    volcánico.

... tan triste, que los dientes rompen mis labios...
... tan mortal, que escucho mi propia descalcificación...
... tan falso, que fijo en el aire los azúcares de la verdad...
... tan torcido, que se enternece de mí la espiral...
... tan indeciso, que el poema comienza a zumbar en los
                    puños...

Lo demás, las concesivas,
lo demás, las concesivas y las concesiones: trompetas,
flautas, tubas,
trombones, cobres.
Lo demás, una gota de saliva fría
en el riñón del fagot.

*

SEPIA[2]

Tengo cita con la sepia en el acuario.
Nos investigamos con las ventosas, bombeamos el líquido
de una ausencia en tinieblas:
ella en su guarida
yo en el armazón de la falda de dios
que cuelga sobre mis hombros. Ella remonta la espiral
y yo la bajo. Escalofriante cruje el tomillo
de la presa de aceite, pero sale — mirad — sale de mí
la tinta viscosa. Tengo cita con la sepia
para cambiar de tintas.

Alguna vez imprimía el mar.
Ahora escribe en la gaveta del acuario.
Manipula con un tentáculo el futuro.
Ahora estoy hambriento — tautología del siglo.
¡Me la comeré asada!

2 Ahora estoy hambriento hace referencia al nombre del autor; Flămând significa "tiene hambre". La censura cambió el pasaje: en el texto original está la expresión "tautología nacional", porque en ese tiempo todos los rumanos estaban hambrientos!

COMO UN PERRO EN TRES PATAS

Este invierno ha huido como un perro en tres patas.
Todavía gañe. Sin embargo, el golpe ni siquiera se ve.
El golpe vagabundo por la tierra,
así como la memoria (no el recuerdo) de Pitágoras
debe flotar — se ha dicho — entre nosotros,
buscando aún otras y otras encarnaciones.
A veces el sufrimiento mendiga el golpe, pide
su identidad (altura, color de ojos, signos
particulares). ¿Mas para qué tanto esfuerzo
si existen esclusas más navegables
de un sufrimiento a otro?

Han empezado a podar las ramas de los manzanos,
se dirige la ganancia — ideología genética;
gotas de savia caen a tierra como la semilla de Onán.
(Releer: Sobre la negación de la fecundidad)

LO MECEN

Lo sacan por la puerta de atrás del hospital,
lo mecen dos en la camilla,
él siente el agua. Lo balancean
hacia el río negro; lo mecen dos — chapotean
con las botas en la nieve sucia,
lo llevan hacia el camión de alquiler
(con él se transportan los fosfatos)
lo mecen bajo el ocaso invernal,
lo instalan en el cáliz de la nada.

Y los innumerables dioses escuchan en él
un zumbido de extraños sonidos:
el ceceo de las espirales A.D.N.,
el rumor de los átomos en las moléculas.

Segunda parte

EL FRIO INTERMEDIARIO

De *La vida ensayo*, 1998   Traducción Catalina Iliescu Gheorghiu

EL REY LEAR HACIENDO AUTOSTOP

> *Il n'y a rien à pleurer*
> S. Becket

Cómo llorar, cuando por la puerta de atrás de la historia
sale una sirvienta con los cubos llenos
de lágrimas por tantos decenios de risas
y se las echa a los cerdos —

Cómo reír
cuando en la luz de carne cruda del alba
brota de las vísceras de nuestro drama mediocre
el Rey Lear de los aprendices de zapatero que va
de camino al pelotón de ejecución
haciendo autostop...

Haces un amago de sacudirte la caspa de los cielos posada en tus hombros,
pero despiertas el mismo viejo achaque agazapado en tus huesos...

EL FIJADOR DE CARTELES

Misericordia del amanecer, miserable parto
de rayos que enlutan las arrugas del rostro
el espejo de afeitar acepta indiferente
tu imagen. Y promete hacérsela llegar a la muerte.
Abres una ventana para que entren los álamos
esqueléticos de la circunvalación
del suburbio… Alboroto de camiones…
Se escurre un fino mortero por las rendijas del cielo…
El amor, mucho o poco, el que hubo, ve antes que nadie
el espanto de la vejez en las manchas dilatadas
sobre el muro de enfrente.

Aparece un hombre con mano verde,
apoya la escalera y sube
para borrar tu nombre…

*

XANAX

Xanax — medicamento del exilio; aves desconocidas
planean sobre el cielo matinal de insomnios.
Las cuentas en lengua materna, con los dedos, para tus adentros:
una, dos, tres… los pasos de la muerte en el cielo de París…

Patria — instante en el que echa raíces el viento
en la comisura de la sonrisa congelada en el olvido…

HIBERNACIÓN

Puedes adentrarte sin miedo en el bosque, recuerda
que durante el invierno ellos hibernan;
moles inmersas en el sueño uterino del olvido…

Aparecen nubes de nieve que siembran el cielo
a plena luz del sol. Los párpados perciben que va a nevar…

Te acompañaré en el pensamiento dentro de esta cisterna
del tiempo, en la que libremente me encerré
para dejar de oír a los ideólogos de la basura;
me pliego sobre la cascara del vacío,
soñando con el río escondido bajo el hielo, que cambia incesante
sus palabras
y las imprime en el musgo de las piedras…

*

DETRÁS DE LA PANTALLA

Primavera desgarrada por el maullido gatuno…

Sus llamadas atrapan algunas réplicas líricas
del cine de verano de nuestro barrio.
Contemplas el encuentro: Tristán e Isolda exiliados en la periferia
de Bucarest
desovillan en la pantalla el carrete de una leyenda
que copiosamente silban los jóvenes aprendices
de la planta metalúrgica cercana.

Tendríamos acero y amor, se nos prometió.
Y yo pongo todas mis esperanzas en los dos adolescentes
que se deslizaron detrás de la pantalla
donde toda la comedia se ve al revés.

*

CENA

Semana de Pasión. Por un áspero abril
pasan las madres de Bizancio, solemnes, encorvadas bajo bultos
recordando al que fue crucificado por una pedagogía incierta…

Comemos las patatas humeantes. Habían echado brotes
en nuestra humilde despensa. Vida a tientas, vida a toda costa…
reserva de corales en los subterráneos…

Nada de carne trinchada de mamíferos, tampoco leche del Ave del Paraíso
ese Paraíso lleno de malezas y fantasmas.
Solo rutina y pureza. Patrística de los estómagos…

En alguna parte Bach ahuyenta
a las bestias hacia el corazón de las grutas. Civilización…
Excepto unos cuantos peces
tendidos en la mesa, sus vísceras sacadas.
Un niño
aplasta con el pie las vejigas llenas de aire
feliz por la pequeña explosión, como un dios
¡bailando en las mesetas submarinas!

En alguna playa del mundo, nuestra esperanza
sobrevive al interior de una ballena suicida.

GITANOS RUMANOS EN EL METRO DE PARÍS

Pronto aprendieron los ritmos del Sena,
los estribillos de Piaf y Charles Trenet tendidos sobre el címbalo
que había amenizado bodas en las aldeas de Oltenia,
y hoy va colgado en bandolera, aquí en Châtelet.

Turistas japoneses asienten serios, fotografiándolos;
se les ha dicho que acaban de venir de Bosnia…
"La guerre…pam…pam…pam…." ¡efecto casi garantizado!
Los gitanos rumanos se compadecen de los turistas
a quienes no les sale cara la culpa de ser contemporáneos
de su propia historia. Y los maldicen.

Dormitando en sus asientos de camino a casa,
los franceses miran a los gitanos sin mirarlos,
y pagan sin escucharlos,
sobresaltándose apenas con lo que se les viene encima, de repente,
danzas balcánicas, el polvo de la estepa y Kalinka…

Las puertas de Occidente dan directamente al metro.
A los hambrientos y helados se les abren, de buena mañana,
los subterráneos soñados. Se elevan desde las profundidades
las flautas andinas, los laudes, los violines de Vivaldi…

La Internacional de catacumbas buscando a tientas una nueva religión…

LA CIUDAD DE LOS POETAS ADVENEDIZOS

El Paris de Milosz, cuando París era el centro del mundo,
adonde migraban desde los Cárpatos, desde el Báltico y desde la Estepa
todos los insomnes,
El París de Sà-Carneiro, burdel de suicidas,
París-hospital para el mestizo Vallejo, el que
definitivamente cerraba sus semanas un jueves,
París-liceo de Ion Pillat y de Tristan sin Tierra o sin Tzara
París también del griego Elytis, el astuto,
en su camino hacia el sentimiento del cristal,
París que recibió la bofetada del checo Holan
junto con los reproches por su cobardía, que se repetirían.
El París del exilio para el exiliado elevado al cubo, Paul Celan,
Caballero de *Niemandsrose,*
declarado desaparecido de la Rue de Longchamp, una tarde
y el vino derramado sobre su mesa gotea
en un fino hilo hacia el Sena, como la sangre…
París
colgando boca-abajo de los puentes, mirando cómo flota
el cuerpo ofeliano, castigado, de un Gherasim Luca,
quien también finalizó "en beauté", perfectamente suicidado,
señal de que el siglo escupe a sus poetas en los ríos…

París
deforme por la soledad,
comienzo de la vagabundización del universo,
hotel terminus, mi última matriz…

¿CÓMO, SI NO...?

Aun agazapada en plena ausencia como la cascada
de espaldas a su propio sonido, yo te reconocía
en esa evaporación del silencio colocado entre nosotros
para revestir a diario la soledad...

Se fue la primavera, pero aún se observan
las zanjas que dejan los torrentes en las colinas arcillosas,
resquebradas, como tu labio caprichoso
en su doblez dormí un día y me quedé en vela
varios decenios...

Hubo un tiempo en el que husmeaba
tu triángulo de entre las cejas, cerrado por completo
en el círculo de mi beso. Milagro inconsistente
de una geometría que lo había dispuesto todo en nuestra contra.

Me bastaría con ser de nuevo, al menos, el tedio
de la mano con la que corres las cortinas
dejando entrar esa ligera confusión
que mezcla, al atardecer, tus ojos con la noche.

¿Cómo vivir, si no es siendo agua
helada por el espanto, en tu sed,
si no es siendo óxido en los clavos de tu casa
hasta el instante en el que se derrumba todo?

¿Cómo vivir en estos lodos
Si no es sorbiendo tu respiración
con un tubo de caña, como los proscritos
rastreados, a través de ciénagas y barrizales...?

¿Cómo, si no...?

BUCAREST, PLAZA ROMANA, JUNIO 1988

> *Animula, vagula, blandula*
> *Hospes comesque corporis*
> *Que nunc abibis in loca*
> *Pallidula, rigida, nudula*
> *Nec, ut soles, dabis iocos.*
> Hadrianus

Alma, vagabunda y acariciante
bajo el cielo plomizo de la ciudad moribunda
deforme como nuestros sombríos rostros,
dejé de sentirte huésped en mi cuerpo
aplastado por el bullicio en la parada del trolebús,
en esta muchedumbre que vislumbra
la brusca aparición de un carro, entre coches,
que lleva un ataúd de pino, amarrado...

Para en el semáforo y los caballos soplan con sus narinas
nosotros subimos a nuestro eléctrico ataúd y los adelantamos,
mientras la líquida presencia del tiempo modifica
rojo, amarillo y verde sobre nuestros rostros...

En la siguiente parada nos alcanzan y los divisamos
con rígido horror en nuestras vacuas miradas,
al parecer, nuestra indiferencia corre ante los caballos
agitándose
con aspavientos,
despejando el camino,
parece
solo una desigual carrera de velocidad
mientras pensamos
que el que muere último, ríe mejor...

EN LOS TIEMPOS DE LA FELICIDAD OBLIGATORIA

¡Abril, mes de las flores de mayo!
Ion Negoiţescu (apócrifo)

En los tiempos de la felicidad obligatoria, las primaveras eran
perversas…
todo olía a propaganda y a maniobra de diversión,
incluso que las aves regresaran con júbilo para fijar
sus nidos
bajo los aleros de los tejados
con la saliva del exilio…

La hierba que salía a la luz entre desechos
de una improvisada civilización
nos parecía una victoria indudable
sobre el enemigo.
Las ramas que brotaban con el vigor
de las canciones revolucionarias
desafiaban el martirio de cada cual — preso
del optimismo público.

Más tarde nos acostumbramos al dolor.

Vivíamos encorvados y nos golpeaba en la crisma
el viento que anunciaba el fin del mundo
que todavía hoy revuelca en los descampados
el rodillo de zarzas e ilusiones.

Hoy vivo demasiado velozmente.
En esta primavera reencuentro el agrio olor
de las cunetas donde vagabundeaban, antaño,
los perros de la periferia de Braşov. Clorofila y esperma…

Siento en este ajetreo la ironía de la muerte,
su polen brilla en el cáliz de los días,
para atraer a los insectos que somos al abismo,
en busca de la propia fecundación…

Con todos los sentidos tensos, intento adivinar
adónde lleva la suprema mistificación…

*

LA INTERNACIONAL

Ciento y pico años de gritos y amenazas con el puño
hacia el cielo de los proletarios, poniéndolo por testigo, una vez vaciado
de dioses
y una vez los dioses sumergieran a los proletarios en el tormento
del trabajo — el mismo que cuando la expulsión del Paraíso…

Miles y millones de personas formando bajo las banderas
púrpura como el recuerdo de una sangre hace tiempo olvidada y
descolorida ahora con el sudor que ha roído el cuello de la camisa
o ha enrojecido la piel amoratada del cogote…
Innumerables esperanzas vibran hacia la luz como la brizna de hierba
que brota milagrosa en el sendero pisado por tantos pies descalzos
en sucesivos años, y con el vaivén de siempre
entre "no puede ser" y "nunca podrá ser"…
Revueltas callejeras aplastadas, a menudo sofocadas en el alma
ante la impotencia, revueltas que agonizan
después de que panfletos impresos con tinta de la que tizna
reemplazaron los iconos en las estancias empapadas
del olor de tantas vidas rancias…

Estrepitosos irrumpen los vendedores de humo
usurpan el papel de otros fariseos y médicos de los que
alardean de curar al hombre de su
absoluta soledad ante la Muerte…

Registro imborrable de crímenes ejecutados a marcha forzada
y enseguida olvidados, una vez la azada ha mordido
el Muro que parecía haber partido por la mitad
durante mil años de necedad humana
la bóveda celeste…

Inmensa amnesia negociada sobre la barra del bistró
cuando volvieron a mezclarse todas las pobrezas
a mayor gloria del comercio…

Y a partir de ahora ¿qué vais a hacer con "los pobres del mundo"?
¿Y quién va a poner en pie a los "esclavos sin pan"?

*

LA GRAN SODOMÍA

Vivíamos por aquel entonces en la gran sodomía del tiempo…
Los días se asemejaban como unos niños trisómicos,
se solapaban sin orden
sofocándonos
agarrotándonos,
y luego desaparecían de repente en el resto de la nada.

¿Quién, si yo gritase, me oiría desde los coros
de los ángeles? — se lamentaba Rilke
en un libro milagrosamente salvado del fuego rojo…

¿Quién iba a contestarle?
si los ángeles se dedicaban
a extender papel carbón sobre la espalda de esos días
que se volvían idénticos —
bastardos de la eternidad…

Y cada uno era "el comienzo de lo terrible" y el final
de cualquier esperanza en la bondad
como bien comestible, algún día…

Y ¿quién escucharía, desde el coro de los villanos
el llanto de un solo hombre, vivo,
hallado no entre las masas, sino en su propia carne
con sus propios huesos
marchando mecánico sobre la corteza de los días
como la rata en la rueda asiática del suplicio?

Y ahora, ¿quién de los supervivientes iba a creer
que existe
agua que pueda lavar las manchas de la cara y el acné de la vergüenza?
(Lo mismo, al menos, que el pañuelo de mamá mojado con saliva)
tras tantas décadas de vida sucia
en las que, a la fuerza, se nos metía en su lecho
y éramos al mismo tiempo, los que mirábamos el coito por el ojo de la
|cerradura…

ARS POETICA **DE LOS DESCAMPADOS**

A veces nos despertábamos cara a cara
con nuestro espanto descalzo desfilando,
empujado a punta de bayoneta, con la cadencia de fanfarrias.

Hubo días cuando ellos escribían con el cuchillo
el *ars poética* de los descampados,
cuando el lema universal brillaba: "vigila tus espaldas"
y el aire se alcoholizaba
de ideología...

A ojos de ellos, parecíamos tan irrisorios,
que llegamos a perder
el olor a persona;
No olíamos a nada
éramos el intervalo entre cero y uno...

Ellos se creían eternos,
nosotros nos creíamos, todos, muertos.
Por eso seguimos pudriéndonos
y nos tapamos los ojos con las manos
de miedo y de vergüenza...

*

VINO DERRAMADO

Mientras otros hallan buscando, tú hallas hallando
una fisura en la fibra del tiempo para escondernos
de esta ciudad en la que no conviene ser
advenedizo universal, en el fin del milenio.

Apenas partes de mi lado, te veo regresar
con las migraciones de las piedras rodadas por las nubes
a los caminos que también nos condujeron,
antaño, hasta el centro de este extremo.

Tu soledad me enferma pues no tiene cura
ni engullida por mi soledad caníbal siquiera;
al verte en la más cercana lejanía
eres igual que el vino derramado y atrapado en su caída
por el guante de sombra de mi mano...

*

LOS PARÁSITOS DEl SUFRIMIEENO

*«Il nome sapevi, non la
realtá del dolore»*
Umberto Saba

Desde que comenzamos a entender que ni palabras,
ni nadie ni nada podrán ya
quitar del aire este dolor arácnido con el que nos tejemos
entre domingos en los que no podemos evitarnos,
miramos, cada uno a través del otro, con esa insistencia
opaca, adivinada en todo cuanto nos rodea,
en los libros que tratan las entrañas de la psique,
en la fruta podrida
en la que se ha posado la soledad fosforescente.
Parasitamos el dolor, según se puede ver
imágenes de África, un reportaje en televisión:
el cocodrilo de fauces abiertas, aguardando
a que las aves picoteen sus encías.

POEMA POLITICO DE AMOR

Pero ves tú esta pequeña sensación?
(Comienzo de dolor) — ni siquiera puedo
acariciarte solo con una mano, pues la izquierda
(lo sabemos) es la de la revolución, y la derecha
la de la burguesía reaccionaria
y mis palmas dan a tu piel
un calor político algo mezclado;
soy revolucionario y burgués. En consecuencia
exploro el desfiladero de tus senos con las dos palmas
pegadas herméticamente.
Tómame así, turbio. Desconcertado.

Podría provocar *jacquerías* sólo con el dedo pequeño
de extrema izquierda,
podría perseguir racialmente el negro de tus ojos.
¡No me irrites! Decreto apolítico el amor por ti:
"quien te acaricia no tiene izquierda ni derecha".
(Como decía el querido Gengis Kan
en algún lugar de *Iassa* — el libro de las leyes:
Todo está limpio, no existe lo sucio).

Sin embargo, del uno dos cero seis de su estepa
hasta el uno nueve ocho uno — viernes
en esta buhardilla
una pequeña sensación de dolor crece
y se hace más plena, más piedra. Así pues

me tomo la cabeza con dos manos (qué otra cosa puedo
                              hacer)
y aplasto el dolor en la mitad.
Dolor de arriba y de hondura y de todas partes,
dolor de izquierda de derecha de centro,

social-demócrata, proletario
mi dolor,
      humilde
          humilde
              humilde.

*

LA VIDA ENSAYO

Nada de lo vivido nos daba derecho
a vivir,
la vida apelmazada nos moraba cautiva,
detrás de unas puertas que
ni la muerte se atrevía a empujar... Éramos ya
estado de clandestinidad
del letargo. La vida ensayo...
Sólo las viejas bombas impulsaban
por el circuito de nuestra biografía
el aire, el alimento, y la sangre...
Y ahora, al recordar que no hay nada que transcurra
sin consecuencias, entre humanos, al pronunciarse
en vano
el nombre libertad,
me tengo un odio sofocado por cuanto he vivido
sin vivir. Y,
como en un despiojar constante, trato,
noche tras noche de raspar de
quemaduras las paredes de mi alma.

Espero el advenimiento del ángel enviado
a exigir
rescate por este secuestro...

TRISTEZA CON MARSUPIO

Viento cómplice de las inquietas ramas,
las hojas se hacen signos de sordomudos,
mis labios hablan con tus lágrimas,
nuestros huesos callan juntos.

Solo las palabras no tienen nada que decirse
juntas en torno al montículo de negrura
que brota, ya ves, año tras año
en cuartos donde desechamos la piel del sueño.

Desde el marsupio de tu tristeza
se asoma el enorme cansancio
de estar vivo... Juegas con el lóbulo de su oreja
mirando, ausente, los crujidos...

*

EL COMETA

El matojo de lilas va desollándose de su olor junto
a la tapia del establo,
frío, como tu mano al buscarme,
la noche de abril...
                Respiramos
con el crujido de un modesto espanto,
mudos de asombro
mientras miramos el cometa que lleva
varias noches reapareciendo bajo el hombro izquierdo
de la Osa.

Oscuro permanece su mensaje,
como guijarros desde el más allá, lanzados sobre
las riberas del sueño.

Regresará dentro de dos milenios, dicen,
llevando — en su larga crin trenzado — el rescoldo
incandescente
de nuestras vidas...

*

MILAGRO

Tenías en los viejos tiempos el besar del sol sabiendo
a hierba,
hueles ahora a niño — tras nacer de ti dos vidas
que te reconciliaron con tu propio nacimiento,
y sin embargo
aún sueñas con el hogar de tus abuelos.

Buscas en el tarot los signos de un futuro que se
encuentra
abrazado a su pasado,
como el suicida hallado en el filo de su puente, su piedra
al cuello,
dudando sin embargo en lanzarse...

¡Y entrevés,
en el instante en que la cobardía suplica una tregua
la indiferente luz del día y su monótono milagro
que te salva!

De *Tags*, 2002   Traducción Catalina Iliescu Gheorghiu

El MENSAJERO

Fin de milenio. Llueve. El cielo sacude su cansancio
hombres tristes siguen viviendo en tristes casas
donde los muros se miran cara a cara como los días
a las noches y las presencias
a las ausencias...

Ni una señal del más allá ni una emoción
expulsada de los espacios donde el misterio
se estratifica fríamente — tablas
indiferentes, en el patio de la maderera

salvo esta distracción del tiempo
tejiéndose mientras se deshilacha
como el atuendo de los muertos — el único capaz
de callar sobre lo que no sabe hablar.

Habito la ventana entre lo que sucede y lo que
no sucede
bajo esta lluvia mojada y seca a la vez
acechando el germinar de las respuestas
a preguntas todavía sin sembrar.

Mientras al horizonte, sobre el océano de lo inexpresable
avanza el poema — con un brotar de verbos
al despertar del mundo — serenando aguas sombrías
cautivado por el silbido distraído; mío, tuyo.

*

EN LA CUEVA

La eternidad reluce níquel sobre el capó del nuevo automóvil
los plataneros perezosos se doblan lánguidos en la laguna
el sol broncea igual con coppertone 25,
cinco matices de rosa puedes elegir para las nubes
que sobre el horizonte, van teledirigidas.

Ángeles hastiados vuelan intermitentes, arrastrando reclamos
para senos de alga
          y testículos de acero
               intercambiables corazones
en la dorada arena, la mujer eternamente joven
entierra extática sus nalgas... ¡Verano!

Y la vejez es ya una vergüenza con remedios
las vitaminas
ayudan a la policía mundial a derribar los últimos
microbios
con su sable de fuego, el bien ahuyenta al mal
de todos los rincones
blancos bisontes revolcándose en limpios lodos
salen a la orilla en una nube de chanel número 5.
Grillos estereofónicos anuncian la tranquila noche
y dentro de la cueva, Platón mira la tele
creyendo todo lo que ve...

El BIOPOEMA

Solo las corpulentas ausencias me lucían
cuando de sopetón
          recibo en el esternón el rodillazo del terror
por dentro — en señal de que
hacía noches
          años que en mi interior estaba poemizando
          el biopoema
            en el que habito.
Seguía
atiborrando la comprensión
con verbos de comprensión ·
                          cuando
me sacudió el cogote la ambigua revelación
de que un oscuro y agudo algo me habla a veces
desde el riñón directo al corazón
y calla carnal desde el temor al porvenir.

Y el biopoema comenzaba a crecer en sí
sin o consigo mismo
y no llegaba a la completez de lo que es
en cuanto es
perplejidad palpable
            prórroga
                que solamente es real
                    mientras se busca.

ACURRUCADO

Ella llega con su olor a piel cálida desde
                         la cama de otro
se quita del pelo un sol de hierba
y tiende la mano
entre sus dedos el agua toma la forma de copa
y se lleva a las honduras el pálpito de un beso olvidado.

La protege una felicidad almenada con espolones
fortaleza del sueño
rebosa densa fosforescencia intangible
según pulsa hacia mí
desde distancias insoportablemente
donde me ahogo en años luz de sequía.

Brusco, abriría mi pecho por recibirla
al centro de mi silencio
                    rodante
desde las cumbres del crudo abril

de mis palabras ya ninguna la alcanza
espero
       acurrucado en la corteza del vano eco
             que me repite.

MUJER ENAMORADA

Da grandes pasos hacia un linde interior
donde susurros de acacia salpican en su pelo
los últimos reflejos de un sol marino — levita
entre freáticas aguas de sonrisa lunar

me abarca ancha en su mirada indulgente
junto a las flores, libros, pinzas de la mesa
despide persistente aroma a duermevela
que glándulas brotando bajo su piel segregan
la hacen por completo intangible como envuelta
en una luz interna que la rodea a chorros
música vegetal le riega las mañanas
gestos de sombra rozan trazos sólo por ella conocidos
y sus recuerdos corren hacia el futuro
su fuerza sacudiendo lo imposible de raíz
su epidérmica felicidad entre nosotros cura
la indiferencia de este día, fealdad, rencor

mientras la acecho tras las puertas
e inhalo de su ropa nuevo olor
encontradizo en el camino de sus manos cosecho al azar
caricias de amistad empobrecida
        misericordia enorme

mientras se aleja bordeando la orilla
me escurro por sus pies como el reflujo
la llama del secreto
       metamorfosis
         mujer mía
enamorada, mas no de mí...

TANGO EN MENTE

Coge mi mano
		escóndeme en tu aliento
				olvídame
entre las cosas que aplazas y duran en ti
y como un letargo erótico levitan
				algún día hablaremos
de piel a piel
		entre palabras
				olvídame
en ese tiempo que nos queda
				que no es mucho
					¿quién sabe?
						tal vez sea mejor
no evocar la esperanza pues es un falso acercamiento
suspendidos en el silencio arbóreo
				nos vaciamos uno en el otro
de una líquida piedad que ni nos cura
					ni lacera.
En ti florece el misterio
				como los mimbres en manojo
por la ribera de un río interior que te acaricia el rostro
y aún queriendo
			tus ojos no me pueden ver
al lado oculto de la luna.
				Olvídame
para reencontrarme — tal vez — en un pliegue de memoria
de aquellos tiempos cuando nuestras noches
				nos agasajaban
					con afables incertezas
de tiempo parlanchín
		sobrevolado empero por el pavor quebrado
como un pan que ni se ofrece ni se acepta.

Nos odiábamos con el amor
                    forma abrasiva
de la imposibilidad que el uno sea el otro
                    con soledad
y todo
nada esperábamos
            y el tiempo de ramificadas emergencias
en la ventana agitaba sus invisibles gestos.

Abrazos espasmódicos nos dábamos con la impotencia
que tiende el brazo y lo esconde a la vez
la desdicha
            de uno le soplaba al otro
                    en las manos frías
tratando de volverlas a la vida
            con llamas muertas.

Sólo ha quedado entre nosotros la vacilación que anda
sola
por las calles
        de noche
                y en el terremoto de mi sueño
coge mi mano
escóndeme en tu aliento
                olvídame
pues tal vez logre a la muerte conmover
                nuestra complicidad.

EN LA CUERDA DE TENDER

¿Qué le falta a mi amada cuando le falta
el fuego en el hielo
el vocerío del sentir intenso
en esa vena bajo la oreja
y el amor que ella regala?

Le falta todo esto mil veces y una más
y (aún) el relegar definitivo de un vacío
que anida árboles del horizonte
                    y se convierte en ausencia.

Le falta al dormirse el cisne de divina nube
y al despertar la levitación de adolescente asombro
precisa algunos años más con noches vueltas del revés
hacia el antes de nuestra infelicidad
                    así como el tiempo
sí, tiempo húmedo aún de juventud
cual ropa blanca aleteando en la cuerda
del desván
                    entonces...

¿Qué es lo que le falta a ella cuando al parecer nada
le falta?
Va savoir...

Por nuestras habitaciones los días arrastran
sus cuerpos anillados
al igual que gusanos de seda sobre el lecho verde
vamos tejiendo el velo de su voracidad
devanadera...

LA LUZ DE LAS PIEDRAS

Ventana sobre el mar
            lenta absorción
vibra un nerviosismo en el anochecer
y un principio incomprensible experimenta la existencia
                sobre ti
un demasiado tarde escurre de las nubes colores
                del atardecer.

Fuga de sombras hacia ningún lado
                desesperación que coquetea con sí misma
el tiempo con ojos de brea
te mira hondo en los pulmones
compruebas tu inutilidad por todos los costados
palpas tu fortaleza en todas tus costuras.

Ventana al vacío
            la luz de arena fluye
desde las piedras que el horizonte pule
entrégate
            pero
                no
                    sólo
                    para deshacerte de ti

nadie te quiere
        un perro corre por el dique
            tú callas en silencios apilados.

PAISAJE VERTICAL

Intento ser feliz
                    brotan las savias nuevas
jóvenes abedules mecen al viento sus testículos delgados
sus filamentos pares tiritan en la brisa matutina
y la corteza blanquecina se estremece
bajo los labios de lo infinito.

Y se retrasa la pastilla de Prozac bajo la lengua olvidada
enclenque elasticidad adquieren las palabras
como en los sauces los retoños
cuando los quebrantas

(y sacan a la luz la savia turbia extraída en las honduras
que pronto se oxida)

de un día para otro las frases son ceniza
entre los dedos bajo el suave apretar
                    de la apatía.

La primavera explota en apagados fuegos
el viento fragua en las cumbres piedra de lumbre
para incendios

mis pulmones ventilan aire mezquino del que falta el aire
se me aconseja recogerme hacia mí
mientras aguardo
trago en pequeñas dosis el carnívoro verdor.

ACARICIANDO AMENAZANTE

Grieta en el dodecaedro del amanecer — la noche
parodia la absoluta oscuridad.
Tú deletreas
en los labios vueltos de la nada
de la charada edípica el comenzar.

Alborotoso patetismo el del lapso
que se presenta en impostura de divino don,
mientras las llagas del dormir quedan abiertas
y desde el techo cuelgan plantas de oscuridad
acariciando amenazantes
la coronilla de las cosas.

*

LA LLUVIA EN MEMORIA DE LA NUBE

Dichosa
faz de lo visible que te muestra al mundo
distinta de cómo se suma en mí tu ausencia
aluvionaria — riada
              de ramajes y hojas rotas
                  hacia la presa
                      río abajo.

Me habitas como la lluvia en la memoria de la nube
la lluvia que enjuaga el tiempo...

Es obvio, la distancia — dices tú — es una cuenta atrás
y lo que ocurrió aún puede esperar

yo envejezco violentamente
día y noche...

*

PÉRIGORD

El perro corre en el rabillo de mi ojo
y arrastra el horizonte hacia la colina
que yace fatigosa sobre herbosas nalgas.

Infinito supurando al atardecer — sexualidad
áspera del otoño...
El hoyo recién cavado
bajo el muro del cementerio
esparce feromonas en el aire.

El viento fecunda las piedras
los líquenes parodian sobre lápidas
el sexo de la muerte.

Brota el celestial incendio entre cipreses.
Vacío mineral... Bebemos tierra
con nuestras glándulas lacrimales.

Un campesino arrea a su cerda bajo los avellaneros
su hocico olisquea las trufas bajo el follaje
que apestan como las glándulas del verraco ancestral.
Con las narices dilatadas husmeamos
en el sobaco de la noche
el olor a nuestra propia ausencia.

CHORRO

Acerca de la soledad: esta agua que se escurre
por tus poros
                desnudo bajo el chorro de la ducha
tirito en la noche de fin de milenio

higiene mínima — la autocompasión
del brazo de
la novia de Stig Dagerman
                con el amante de Sylvia Plath...

Un nuevo día en la colonia Penitenciaria
pálida se desvía la supervivencia
del código genético de vencedores

mueve la ironía los hilos de tu interior
te abre a la fuerza
los párpados de noche
                pero la vista no
                            y tampoco
el erudito entendimiento de las cosas

alrededor los otros más bien se defienden
satisfactoriamente
su personalidad
es como un huevo que crece en su ego

creación y defecación
y prolongada libación
                        distancia
que se amontona y el tiempo
como un perro al sol
lame sus gónadas...

MUESTRA DE SANGRE

Mi espíritu es mi carne viva
dolor
bio-espiritual
en pura rebelión de los sentidos

su instintiva paz
y la enormidad de lo insoportable
aplaza los confines

me abro con un pétalo de lirio
las sensaciones lúbricas más inocentes
y como nadie es de nadie
anhelo una mujer con los brazos de heno
despellejada en mí y yo en ella

denme a la más fea
la hembra del chacal
            desposeíble sólo
por la tristeza que nadie regala

para embutir su vientre hecho de niebla
con mi helor
biodegradable

me enfermo con oblicuos arañazos
con aftas
        de palabras
            en la mucosa palatal
me bebo el gas de lámparas
                de cada lupanar libresco
y atormento mi miseria
                con más mecánica excitación

¡denme el alcohol — términus
                la ira en vena del etílico
cuya musa sidaica le toma muestras de sangre!

mi instinto suicida que copula puro
con esta noche de pura miseria...

*

ESCONDIDO

...en la mesa manzanas cristalizando
                el misterio del madurar
avispas rondaban el bote de confitura
el otoño destilaba miel con posos de llanto
la vida seguía inexplicable
                el silencio criaba gusanos
en el cuarto la grieta avanzaba en el aire

el sol se escurría entre sus dedos
mojados
                el mundo era líquido

la luz rodaba en granos multicolores
el ahogo se abría como fuente en el cielo
su espalda apoyaba una especie de muro-ausencia
hacia internos confines lo llevaba la noche
donde la florida oscuridad brotaba
en la lúgubre revelación de la desdicha
lo imposible le hería dejándose ver
a veces las esferas translúcidas
lo acogían aún en lo alto

                    en las cumbres
                         de los montes
en las claras del vibrar...

          *

A MÍ NO

la luz nos habita a todos, pero de espaldas
a su propio resplandor a veces
con su lado oscuro
como la hoja plateada a merced del viento

de la penumbra el pavor asoma tres dedos
y esboza en su sustancia el ademán fallido
del resignar que se santigua

y sin embargo la secreta euforia se mofa
en la oscuridad como la tonta del pueblo
y estira una piel con cada vez más manchas
por el óxido de los años

no tengo motivo alguno para sentirme eterno
y sí los tengo todos
                    a mí no
                         a mí no...

LA DESAPARICIÓN DE LO REAL

¿Qué hago yo en este mundo del que desaparece
    el mundo
cuando sofoco en mis brazos el insomnio merodeante
hasta el corazón viscoso de la nada está más lleno
que el alrededor de esta ausencia?
nubes virtuales nadan hacia el horizonte
que se desliza entre árboles sin alcanzarlos
el aire — joroba del vacío — viste colinas dóciles
en los paisajes de lujo virtuales

en los que no hay vientos
                y tampoco brisas
se mecen hojas
                  se remueven las cosechas
(apenas esbozadas en didáctica enseñanza
para que nuestros hijos sepan de dónde procedía
                        en el pasado
                          el pan)

ni lágrimas de llanto y mocos — fermentación
que supuran las glándulas de este futuro
sólo su extraña muerte post-moderna
                    boñiga
inodora empujada de un puntapié en la zanja...

BORRA...

Es sólo debido a un prejuicio de la luz que busca
cuerpos por todos los recovecos
                    la casualidad de vislumbrarte
en la indulgente ironía del llanto
                              tranquila
deseternización
mientras lanzas
              bolas de texto a todas partes.

El silencio filtra el pitido estridente
                            del tiempo
en algún lugar
ambulancias transportan aprisa la muerte a través
de la noche.

(¿Qué tendrá ella de tan urgente
que sirenas policíacas le abren camino?)

alguien cabalga la joroba de tu insomnio
y pisa pesado la grava de tu respiración
y traga los restos de tu dolor
del que se burlan las palabras todas
                        alguien distraído
hace bolitas entre los dedos
con las migas del llanto.

Y la ausencia se vuelve carnación floral del cuerpo
hilachas de sonidos que vienen de los castaños en celo
inundando la noche

              las luces de fuera alargan sus raíces
              hacia la termitera de esta estancia

borra
borra...

*

ZONA ZOSTER

Infectado por la urgencia de rugir
cuarenta y nueve espasmos ni uno más entre
la contenida respiración y una lágrima
               ro
                    dan
                         do
intoxicado con la pena de ti mismo

la mancha en la pared cuan Dinamarca
huele a nieve triste y te mira
debe existir para el alma una Zona Zoster
que emite el dolor de piel quemada
mientras el ser
se asemeja al sentir
que te detestas (incluso) póstumo...

LA CABRA VIRTUAL

la cabra de la tía Flor y la semítica de Saba
pacen aún la misma hierba en la loma
donde de niño también llevaba mis cabras.
Mientras, en el ordenador de mi hijo en París,
reside la cabra virtual que se esmera en balar.
Es un problema de ajustes y generacional
de vida y de sombra suya — aporía
que da migrañas a la realidad
y a Parménides
el alejado.

Y mis dilemas sufren la típica impaciencia
de los ancianos — cedazo del que el tiempo
se empieza a escurrir
cuando noto en la piel un electrónico hormigueo.
la muerte sigue siendo improbable
permuta sus mil caras con la vida
en el cubo de rubick
bajo la torpe rotación de mis pulgares.

Dicen que «el ser» es justo su razón
pero empieza dónde y yo quién
¿cuál vida?

La noche en la ventana hinca sus virtuales cuernos.

TAGS

Vagones de tren salen de la negrura de arrabal
con furiosas pintadas hechas en la noche
cuando frustrados del suburbio se cuelan en cocheras
a tatuar su nombre en las puertas, su asombro
de verse en el mismo ciclón de olvido — allá donde
el "ser" se seca enseguida y se vuelve «haber sido»
destiñe en escaparates sucios — grafiti
que viaja en carcasas de metro al centro urbano
por vías radiales de la indiferencia — anónimo aullido
en gélido tiro del tiempo por galerías
donde la ausencia es polinizada por el vaivén de ratas
al paso del convoy de palabras — tags
sobre costras de muros que sólo pueden leer ojos de ciego,
acurrucada manera de hurgar en la ineptitud
cuando el sin par se da contra su propio hombro
en la soledad del mundo — Dasein
de los arrabales y repulsa de la repulsión
la nada juega con la lógica a saltar el potro
y el infinito infinitiza tratando de averiguar
por qué existe el algo y no más bien el nada
— el algo nada que llega en metro más que el algo algo
y el algo que más bien existe como lo inexistente,
sólo en su furia que se abre al mundo — desfile
de frases — vagón atravesando el albugo del ojo
poema — incisión — parásito del transporte público
vida en el destartalado autobús-metáfora
que llega al final de su trayecto vaciándose deprisa
en las cocheras bajo el chorro químico
que disuelve sus letras...

El VIEJO PLINIO

Atrapada la luz diurna a la salida del sueño
es una gata que lame el lácteo latín en la hoja
del manual olvidado en la mesa que el hijo
abrió por el texto sobre la muerte del viejo Plinio —
    el nieto
relata con severa tristeza la ira del Vesubio
y el final del tribuno anegado en lava:
habitus corporis quienscenti quam defuncto similior
y sobre *defuncto* la mano de tu hijo — (tras mirarte
dormir) prudente apuntó
con lápiz casi invisible la palabra *muerto*
fijando casi el eje de la traducción — hito no crueldad —
para el examen cuando el improvisar
podría jugarle malas pasadas — como la tentación
que el demonio repetidor, maligno, le haría explicar que el viejo no
                                    | entró en la muerte
con aspecto durmiente,
sino más bien dormía con aspecto de muerto.

Días de confusa traducción cuando
ni el primero de la clase sabe decir
si te marchas del sueño
o te adentras...

AÚN NO

Silencio
            mas no ausencia del verbo
obstinación de vacío que se desborda
                                    susurro
colma sus grandes recipientes que bebe
en silencio
            irrumpe desde las entrañas del frío
                desde superficies
                        que el espacio indiferente
                            hace tintinear danzando —
temblor de fosquedad fuego latente
de ascuas de los bosques desde el génesis.
                            Un hasta cuándo
del hasta dónde. Aún no tras lo que fue... ¡Sí!
Escucha el temblor de mis brazos
                largo rato tras acostarme
                            pues tengo frío
de tanto silencio... de tanta oscuridad untada en mi piel.

ANAERÓBICA

Diría *non possumus* al ver yo mismo
estas palabras dirigirse hacia tinieblas peligrosas
rodar bajo la línea de flotación nocturna
                              mucho
más duro me resulta hasta a mí
captar
esa certeza con la que avanzan en
                    la retirada

como si sobre mí chismorreasen
los muertos esnifando
una inmensa raya de cocaína

sus movimientos son de larvas blanquecinas
de pronto incitadas en lagos de las grutas
la luz no la conocen
                    habitan las honduras
sin esperar la linterna del buzo
en una simbiosis ideal con lo no-revelado...

¿la poesía es anaeróbica?

De *Jardines*, 2005   Traducción Omar Lara

******

hay en algún lugar un río con aguas que ya no mojan
una tabla torcida sobre la cerca que no me canso de franquear
un sendero que conduce hondo en la tierra año tras año
y el olor de la sopa que en la tarde viene de una casa
    abandonada

el ladrido de un perro sofocado por el eco del tren que partió
volutas de humo que salen de las chimeneas hundidas
ciertos árboles que a su sombra algunos muertos se reúnen
extraños chirridos de puertas siempre cerradas

hay seres que me atraviesan y permanecen
e innumerables nubes sobre los tejados de los
cuales la luz del sueño se desliza
en mis noches con insomnio de lluvia a través de los desiertos
donde de ahora en adelante todo esto me habita sin
    tocarme jamás

**

el viento empujaba el portón del jardín y era sólo
el deseo tanto tiempo temido de dar el primer paso
hacia la linde del misterio

los viejos manzanos se quemaban en las huellas
        del espejismo
bajo el zumbido soñoliento que nimbaba
la melosa luz perdida de la tarde

las hierbas se escondían en el imperceptible balanceo
su negrura verde en la que el relincho lejano
de un caballo despertaba en casa el tintineo de los vasos

en las habitaciones frescas el silencio era polvo
apenas turbio a veces por el va y viene de una avispa
entre la ventana y la pera madura olvidada sobre la mesa

el asombro de un vuelo subía por los fresnos plateados
y sobre ellos los gavilanes volaban en picada
vigilando la comarca con sus rebaños de campana

en la ausencia del tiempo la levitación llegaba a ser
un milagro secreto repetido a orillas del río
sobre el que la montaña se inclina adormecida

más allá de lo visible el gran comienzo
anunciaba su color detrás de las nubes
y parecía ser la densidad misma de Dios

******

hacía casi frío casi noche casi invierno
parecíamos vivir con la vida cerca de nosotros
las píceas traídas al patio casi vivas
en los troncos amontonados bajo el alero de la casa
                                        cercanos
estábamos en un haz unos a otros recogidos por la pobreza
éramos su cosecha y a veces
ya casi no veíamos nuestro rostro en la niebla
de los días desesperados

era casi una inexplicable cólera de los cielos
dirigida a nosotros
                    casi odio
                            apretado en el pecho
y cercano...

yo no tengo muy claro si pregunto o respondo
tampoco si acercándome a ese sufrimiento
sé la razón de los cielos
ya no tengo explicaciones ni dientes ni rebeldía
para matar mi rebeldía
ni tiempo suficiente para correr esta pendiente
por la que todo rueda inexplicablemente

ya nada tengo de lo que jamás tuve
ni el infortunio que ofrecer a las palabras
ni puños cerrados para golpear aquellos muros indiferentes
nada nada nada un montón de nada
sin embargo
tiro todavía un trozo de leña
donde el fuego aún crepita

******

campos dormidos de cáñamo cubrían Transilvania
la luz titilaba a través de sus hojas fibrosas
eran los primeros días del infierno
    la gente desaparecía de las casas
        los arados enmohecían
los surcos inacabados subían hacia el cielo
           allí el odio había sembrado su semilla

en otoño llegaban a la aldea hombres con abrigos de cuero
                 y pistolas a la cintura
los llamaban lobos rojos —tomaban los huevos bajo las gallinas
las mujeres lloraban en las ventanas el silencio de Dios
la vida respiraba brevemente
niños con mocos colgando hasta la cintura

algunas veces mi abuelo levantaba sus ojos y de la tierra
    salía un
juramento cosechado de Stalin
      la gente lo tenía por loco
         se hacía un gran vacío a su alrededor
           cuando en la taberna él bebía su copa

hoy es la fiesta de los muertos
      quisiera escribirle un poema
        pero ese tiempo no es poetizable

la poesía es un pensamiento demasiado breve para abarcar
el corazón

**

de un tiempo a esta parte me duele la rodilla
me duele la velocidad y el hastío
me duele indistintamente el renunciamiento
          al que no renuncio
y la sospecha de que el término empieza a terminar
también en mi consentimiento
me duelen los libros que se reprimen
donde los héroes de la velocidad ya no tienen piernas
raras veces alguien se apresura al desenlace
ya no me abalanzo hacia la descripción
de los paisajes y el laberinto psíquico
como en la infancia
cuando la lectura iba directo a la acción

sé que ahora siempre hay uno que busca
encontrar a alguien
rozando en el pasaje su hombro
para después juntos y separados
entrar al mismo imposible doble movimiento
de la rótula

sospecho adónde conduce la acción perpetua
y qué en verdad se glorifica con los aplausos del destino
y cómo vas y vienes en un siglo de pequeños días
chocando con la multitud que implora
la tolerancia de Dios

veo también el trueque insensato de palabras con hacer
          y tener
como hierbas rumiadas por plácidas vacas
y la perforación en la vertical de la mediocridad
y la insistencia de la sordera en la oreja galáctica

y como en los paisajes del verano se dora la muerte del tiempo
sé también envidiar los libres canales del canto
donde el más humilde de los alisios transforma el agua en aire
y el instante en no-tiempo de savia y de silencio itinerante

**

a mon pére

y tu ausencia definitiva ahora
empieza a echar raíces
como los micelios en los muros de las casas abandonadas

todo se resiste a la insistencia con que te niegas
cuando en el horizonte la claridad asalta la espalda
        de los montes
y en los signos verdosos hacia el cielo indeciso ella envía
este silencio que nos llena los ojos de lágrimas

las tierras vírgenes acogen las humildes aguas
antes que los manzanos celebren la belleza
en los jardines donde el aire guarda las cosas en un
        suspiro precario

la eternidad intenta sus ácidos en la putrefacción
sobre los despojos de un perro arrastrado por el torrente
flores amarillas han florecido junto a su mandíbula
el saúco muerto tiene retoños
empapado por la savia indiferente

desde el río los fresnos te saludan por última vez
sobre todo el fresno sanador
que enterró bajo su corteza los espinos de la alambrada
signo de que seremos un solo cuerpo con nuestro propio
límite

olvidados quedaron en tu campo de heno
construido como tu resignación
en los años cuando entendías la amistad
con la que el destino te vencía
y así como tus brazos ya inertes
aún se tensan en el recuerdo de una amenaza
tu trabajo
palpita en el abrazo de nuestra ineptitud

                        sabía que empuñabas
con la misma fuerza el mango de la guadaña
y la aspereza del infortunio
porque la nimiedad del día a día seguía siendo
la modorra de Dios en las tardes con los morales que
manchan el ocaso
y tu desconsuelo se hizo enfermedad de vida que no
                        se confiesa
como una carga leve
llevada en equilibrio sobre tus hombros
y como sabías que la vida quedaba como única recompensa
                        de la vida
ella te protegió de las tristes pasiones de su difamación
el tiempo que corrió para ti la harina sombría
del tiempo molido por la rueda del día y de la noche

pero tú te alejabas cada vez más de nosotros
acogido en el corazón de la soledad
allí donde nadie sabría acompañarte — alegre sin embargo
del instante
cuando con la misma lágrima
ofreces el amor y su impotencia

te diviso de nuevo en la falda de la montaña
delante de los caballos que conduces

para frenar sin miedo la carreta de heno
hasta el final arrastras tu viejo mundo
sosteniéndolo con tus pies
protegiéndolo contra el derrumbe

ahora yo estoy a la cabeza de una columna
con la respiración de mis años sobre la nuca
ya no sé cómo clavar los talones
en este resbaladizo camino que desciende

y mientras con la punta de la lengua yo recojo
el dulce recuerdo del polvillo
de esta azúcar cristalizada que me habías traído
del campo de trabajos forzados
en un papel estrujado de palabras amargas

**

crece oscuro en nosotros el peso de los muertos
idos para llegar a algún lugar debajo de su ausencia
como las tinieblas bajo la parte soleada de las nubes

y en las celdas donde el olvido continúa
impregnándose de sus pasos
la misma superficie emite el mismo sonido imperceptible
bajo los pasos que despiertan
de su desobediencia

mientras en el alma sin consuelo queda tan sólo
la obstinación de no encontrar la tercera vía

LAS PLAÑIDERAS

era la calle de las plañideras
                        el coro de Eurípide
en las casas del otro lado del río se diría
que ellas están con un pie en la ribera
donde las apariencias recogen la frescura
de las aguas invisibles

por algunos puñados de semillas
lloraban y lloraban largamente un muerto
y sus niños recogían las monedas tiradas
en el cruce de los caminos
una vez pasado el cortejo

las llamé para llevar al molino tu cartera cargada de lágrimas
retenidas de las que sólo escogían el sonido
de los dolores
pues sabían bien cómo se pesa la harina
de un drama donde de golpe fermenta
una enorme impotencia

plañían la desgracia del mundo como una cocción
y a veces las luces de una dicha ilusoria
en sus lágrimas eran pepitas de oro
del río abandonado por los buscadores de oro
en el cual nadie se enriquece

llevaban un dolor grande como los collados
arqueados sobre "el puente de la tierra"
y su carne soportaba los relámpagos de la ira
con que lo imprevisible a veces te amenaza
y así te quede claro que todavía vives
aclaraban ellas en las aguas del azar

el temblor de tus hombros y el sudor de tu piel
como las lavanderas en la riberas
entre los saúcos
con varas de madera golpeando las camisas

ellas guiaban la reminiscencia del alma
en caminos impalpables donde la rueda no deja huellas
barro de quimeras donde la forma de la ausencia
queda impresa con los ojos cerrados

pues llorar no se puede si no sabes
cómo entrar en el dolor sin dar vuelta la cabeza
hacia la confesión y la consolación
cuando el estupor muestra en ti
una noche decisiva en que resbalan los días

y enseguida la luz no es más que una porosa
sombra compañera de los gestos recordables
cuando una mano precisamente entregada a su movimiento
parece golpear un clavo en estado de tal

así lloraban ellas el mal del mundo entero
y abrían las válvulas de lluvias ha tiempo retenidas
en los montes
en Poiana Stampei
en la Sinuosidad del Caballo
 en los aluviones sobre las aldeas que salen poco a poco al sol
cuando los niños buscan las fresas salvajes bajo las hojas

y a la mañana siguiente salían a rastrojear
a la cosecha del maíz
a recoger el heno
                a desyerbar y sembrar
a transpirar bajo la carga que da la dicha áspera de la vida

y al atardecer se abandonaban a los juegos de manos
en la búsqueda de otro cuerpo
                              bebiéndose
en la sed para la cual no hay agua

y el muerto le pellizca sin embargo las nalgas
o le habla de subir arriba de los manzanos sobre las escalas
para ver si llevan debajo otra cosa
que no fuera lloros y secretos

y ya que las noches reiniciaban el trabajo a orillas de los días
y la esperanza descremaba de nuevo bocales
como gatos bribones
                        las plañideras regresaban en la tarde
de los extensos campos pobres-ricos
con espigas coronadas
más ebrias que las Bacantes

así y todo en abril aterido medirán la leche de las ovejas
perdidas de pronto entre los juncos de las riberas
se dejaban despedazar por las ramas que rezumaban
la savia que esconde los cambios en el fondo de la vida
y es una amarga merienda

en aquel entonces la gente tenía rastrillos guadañas horquetas
                espadillas
caballos toneles vides gallinas hoces arado maizales
escaleras rejas eneldo artesa padre y madre
yernos sobrinos sicomoro recipiente aspador
en la infancia de lo real
que cabían impecables en rastrillos horquetas espadillas
caballos barriles racimos gallinas arado guadaña maizal
¿qué más se puede pedir?

los muertos regresaban a veces para aconsejarlos
en la cosecha del trébol
en la fabricación de alcoholes y la cocción de compotas
y sobre los misteriosos caminos donde ellos deambulaban
podían leer en el fondo de una taza cuando se apaga el brasero
y un tizón encendido arranca de súbito en el hogar
un suspiro y luego el silencio

los vivos empujaban el invierno hacia el verano
                              trillaban y envejecían
regresaban de la guerra hacían toneles nuevos
o buscaban en la tierra de los muertos la falla de los esquistos
de donde se extrae la roca para un nueva guadaña

las lloronas daban a luz con dolor de su propio dolor hecho vida
cuando las nubes continuaban limpiando las cimas de los
montes
y los días el rostro de los humanos

y el olvido continúa limpiando el dolor polvoso
cuando soy yo quien llora a las lloronas
que lloraban el mundo

ULYSSE EL EMIGRANTE

Poi che la carità del natio loco mi strinse...
Dante, Inferno, IX

Solo las ratas en las bodegas de la nave
con su poética percepción
sienten cuando la noche entra en la oscuridad
entre los fardos donde el polvo copula con el polvo
y entonces el hormigueo le indica
que puede deslizarse hacia lo alto por el puente al aire
bajo la mirada gratuita de las estrellas

afuera el mundo en su fulguración
es un acercamiento que se aleja siempre
cargado de lo que nosotros sospechamos que existe
como el mundo en el mundo
ya no queda en él lugar para nadie
y mucho menos para un clandestino del destino
engendro de sed y hambre

pero también en la tiniebla más hostil
el emigrante Ulises percibe una ribera provisoria
y una improbable casa donde el hedor ácido de su piel
podría despegar bajo el primer chorro de agua que acaricia
la soledad con sus efímeras abluciones

allí una mujer incierta podría venir a su encuentro
con todo el porvenir espléndido de una familia
 y con la nueva lengua que traba los recuerdos
cuando en la espalda de los objetos se despelleja la corteza de
        los nombres antiguos

solo que la oscuridad interior se mece todavía
junto con la exterior
en la misma placenta
y con el mismo suspiro el silencio chupa su dedo
tanteando el calor lactante de la noche
                              pasan de esta manera
los años y el emigrante no se cansa de buscar en ese exterior
con el exceso de lo íntimo o acostumbrando sus ojos
a la oscuridad para ver los otros colores de lo oscuro e incluso
el comienzo de la luz nocturna que ya no se parece
a los excrementos del Infierno
y ya que la partida es sin retorno y que ninguna patria lo retiene
él repite día a día el ejercicio del alejamiento y continúa
partiendo de sí mismo
empujándose y tirándose como si cortara un leño de madera
con su cuerpo
empujando y tirando de ambos extremos simultáneamente
con la misma herramienta
que en su hoja el partir y el quedarse tienen los dientes
afilados al revés
de otro modo no se explica su mordedura
de la que dispersa queda en tierra la arcilla de los días

y partir es también amor a contratiempo
como la separación entre madre e hijo cuando éste
              en su impaciencia cruel
arranca de sus brazos arrancando de todos los brazos que
lo retienen
y que podrían cubrirlo en su desmembrado dolor

para la madre la partida es un nacimiento aplazado
de la muerte
que prolonga la separación con la tierna impotencia
de dar todo lo que se da sin nada recibir

sino después de tu propia partida
cuando otro amor se hace sombra del dolor antiguo
así como los capullos toman del frío de abril
los colores de la flor que viene

y así como asciende en el circuito secreto de la melancolía
                    una ausencia esmeralda
lleva con ella la partida olvidándola en el umbral
bajo la mirada sorprendida del que queda en su propia partida
cada vez la recapitulación de la separación es ya el pasado
de la perfecta partida y la prueba de que nada titubea
en la palabra definitiva

Ítaca es todavía el porvenir provisorio
de un pasado con manillas de puertas que se hacen más pequeñas
con ventanas quebradas donde se mira la luna
entre las ruinas de la reconstitución

en alguna parte un niño nimbado de su propia ausencia
persigue un lagarto en el camino de su propia realidad
en el que su propia hierba brota entre
adoquines rotos y litografías deslavadas de los dioses
en el inmenso imperio del olvido sembrado

desde donde de súbito ese niño divisa el mar...

De *Frío intermediario*, 2006   Traducción Omar Lara

LADRIDO

y un buen día algo con brusquedad se rompe
bajo la línea del horizonte
una brisa nerviosa resbala
de cara al sol

una nube pasa
con el hueco de una ausencia
se escuchan los dientes de la nada
masticando la sombra por un solo lado

en el núcleo del núcleo se instala lo contrario del núcleo
como un ovillo de cifras que brotan
algo que sobrepasa tu comprensión
se anticipa y cambia de idea

las raíces de plátano continúan arando
la ciudad por abajo
en la ventana el aire parecía instalarse
para velar la íntima modorra

el eco arranca el hocico al perro del ladrido
la tarde tiene un olor animal
el frío huye cuando el hombre saca la mano del bolsillo
y la muerte intenta escabullirse de sus depósitos

*

LA OSCURIDAD TIENE MIEDO DEL NIÑO

con sus pasos más pequeños con su mínimo soplo
la oscuridad se asusta del niño en casa
la habitación del fondo acecha su despertar incierto
lo invisible se disfraza con las sombras líquidas

el gran rostro desconocido de más allá continúa siendo
el revés de este lado

permanece el mismo complot de la facilidad
que envía la cuchara sopera a la boca

las briznas de hierba se juntan para separar la sombra de lo
    oscuro
en la arista vacilante del presente y su olor

dispongo de unos segundos en la placenta del olvido
y heme aquí engendrado con el primer grito póstumo

CUBO VACÍO

las casas se escurren sobre un flanco de la montaña
dejando atrás la baba plateada de la tarde
con una cuerda infinita
el dolor no cesa de sacar del pozo un cubo vacío
el viento de súbito es la leche que se inflama sobre la piedras

el alfarero sale sobre el campo de su arcilla vertical
a buscar el futuro anterior de las formas

el mismo fuego que llenó la vasija más tarde traerá
la ceniza de sus huesos
trenzas deshechas

en la cabellera de la resonancia extática
la muerte peina sus apretadas trenzas y llena
sus aburridos días
                        tú le ayudas a deshacerlas
peinando mentalmente las promesas nupciales
de la nueva física
                        excitándoles
la amplitud de probabilidades nudo de pañuelo
y en la desesperación está el futuro
o — más precisamente — la resonancia irónica del secreto
que recuerda haber guardado la monedita de la esperanza
en un nudo de pañuelo
para comprar el pan sin retorno

FRACTALIDAD

el universo de los astrofísicos es más complejo
que el de Dios
si no es Dios mismo el astrofísico elegido
para eliminar el ¿por qué? del instante cero
con un dedo
que se pasea sobre el contorno interior de la esfera
siendo afuera
                              intangible
conjunto de todos los conjuntos
contenido que se contiene
en el hueco de un ser — puro — y — simple —

pero mi espíritu se abraza bajo la cáscara del límite
y trincha el tiempo y ahí se refresca
como en las aguas de un torrente de monte
engullido siempre

me es preciso el ser como el devenir
para la buena marcha
de mi humilde metabolismo

pues las venas de mis verbos no corren un único tiempo
(se estancan inventando las ecuaciones diferenciales
de la ilusión
y la asumen demasiado rápido
carente de eternidad)
¿de qué modo entonces entregar a la experiencia de mis ojos
la agobiante fractalidad?
cuando yo debo imaginar al iniciador
proyectado en alguna parte en el absoluto exterior
mirando desde allí por un lente abajo hacia la orilla
que se divide en innumerables brazos

brazos   brazos

brazos   brazos

brazos

y percibiendo el insecto de mi cuerpo sobre un incierto
   promontorio
en la casa más pequeña con el cuarto más vacío
subido a un taburete cerca del lavabo
lleno de agua estancada que refleja el último rayo pálido
de un sol de mercurio
abrochado al nudo vacilante de una cuerda sobre la viga...

¿y qué tijeras metafísicas podrían cortar en el límite la cuerda
que nos hace aceptar la existencia de un último instante?

*

SINAPSIS

misteriosa fuerza gravitacional
      sapo
del vacío que se hincha en sí mismo fluctuante
pálida energía que suda la materia

te ocultas del lápiz de luz que rayó
las cúpulas de la precedencia

      lleno del vacío que sobrepasa
el límite que soportó la entropía

      ortiga
sobre la sinapsis de mi cerebro que baila
     con la inestabilidad

arte poética ardiente
                    tú exhortas
el crecimiento exponencial del rayo del universo
sobre el corte del tiempo

única irreversabilidad que recicla
                    mis desesperanzas
acariciando mi cabeza
con dedos inseguros

*

CLINAMEN

si en la nube de la muerte las cintas de la lluvia son paralelas
con la lluvia de las nubes de la vida cómo afrontar
la tormenta que mezcla los sollozos
cómo sino usurpando el clinamen epicúreo

cuña del balsero presocrático clavada
en la fibra misma del destino

hipótesis mendigada
a los dioses de la estadística

CENTRICIDAD

el centro del círculo sumergido en la centricidad
de mi centro de frustraciones concéntricas...

miserable alcohol de betarraga bebido en la aldehuela
del fin del mundo más prosaico
¿por qué diablos estoy siempre tirando de los límites
 tanteando sobre las puertas con las manos al otro lado?

el vacío de mi vientre continúa remendando
esta tela de espacio-tiempo que es mi sudario
sucio

si me duermo puedo decir que tengo suerte
y corro la noche entera tras la orilla que huye
río arriba

*

PERRO DE CAZA

granos que germinan en la oscuridad

pálidas comas de la noche horadan la concha del sentido

mi piel huele en su presencia la brisa
de la frase

lo que yo no puedo descubrir permanece por lo menos
en la consistencia de la desesperación de no saber
y golpea intermitente sobre mi retina

cuando me urge vivir urgentemente
con los escombros de mi pasado de abismo
y hablar desde mi centro mismo
donde se halla el vacío más hondo

en mi oreja interna cotorrea la cólera de mi silencio
y en mi respiración todos los crepúsculos asfixian
a quienes jamás vuelven

suben lentamente por el circuito de mi sangre
        los perros de caza
que acorralan mi ausencia en los matorrales
del fin del mundo

una frase de Nietzsche golpea mi quijada
más fuerte que el frío de mi lejana infancia
y ciertos versos olvidados por mí sólo Pessoa los conoce
y con mi última mirada mira Picasso con ojos desencajados
hacia el dios Abou

*

SÍLABAS

las palabras son apenas un azar de la poesía
en el moho de la poeticidad...
hay en ella más acercamientos vacilantes
y entradas que te dejan fuera
o ese modo de continuar fragmentándote
esforzándote
hacia el encuentro postergado entre quien
intenta hablar y ese otro que partió para entender

(con la cándida esperanza de que los sonidos podrían esperar
en el aire
el retorno del distraído que trae una flor
ausente)

pero
        en la medida de mi poder
                indiferente a la indiferencia
                      parlanchina
creo que permanezco en la pasarela
por donde vuestra cólera cabalga y quiere pasar de largo

palabras frotando otras palabras hasta que
de golpe
en los grandes intervalos de oscuridad
se abalanzan unas sobre otras y quiebran sus vértebras
de sílabas
para chupar la médula del aullido

*

HOTEL

sí las auroras son
azadones que golpean a la puerta
como la quinta de Beethoven

la luz entra y la noche sale
después de infligirte sus grandes trabajos
de excavación

algo se derrumba en las colinas negativas
de la obscuridad
cuando el insomnio deviene triste cópula
entre la fatiga y el sueño

yaces caído boca abajo azotado
por los últimos avisos de neón
como el suplicio de las ventosas empañadas que la abuela
ponía sobre tu espalda para chupar la gripe

la prostituta se equivoca de piso otra vez
y la tristeza tendida a tu lado
carece en absoluto de sex appeal

*

BAR «L'AVENIR»

un porvenir más seguro que mi lugar en un taburete
en la barra del bar «L'Avenir» de la Avenida Circular
de París no creo que pueda tener
en este bullicio de puertas de la circularidad

es incluso bastante bueno y con Jacques el barman intercambio
a diario el *ça va? ça va?*
entre un alcohol y un poco de café
yo calculando inútilmente las miles de botellas vaciadas
en las decenas de miles de cócteles de la historia
y él con la espalda vuelta a la hilera de botellas
cuyo espacio jamás se agota
fumando...

y como la parte que se me destinó (por quién?) no ha
     corrido sino
en un número ínfimo de botellas y si bien es cierto que de
ahora en adelante incluso menos lágrimas de *pure malt*
   caerán en mi vaso
me levanto de pronto
bruscamente para gritar que sólo de las cifras sale la tristeza
del mundo
que nos infectan estadísticamente
                          débil hormigueo de un tiempo
en espermatozoides pálidos
liberemos — me dije — el tiempo de las cifras así como la metafísica

del bar «L'Avenir» sabe sólo del tiempo que consume y se consuma
                          así
de caminar obstinadamente sobre las huellas de tus pasos
pero al lado

olvidando el final y el comienzo y olvidando en el acto
que olvidaste
como olvidado puede quedar en el fondo de la botella
 un resto de eternidad

y como mi paladar tiene la memoria corta
e incluso le es difícil anticipar los alcoholes del presunto futuro
                  a veces me pregunto
si mis ancestros no bebieron hace ya muchos años
ciertos vasos que el destino titubeaba
en destinármelos

el tiempo es sustitución...

LENTE

solo por un exceso de ironía interior solamente las flores
revelan su belleza impalpable
que las protege de nosotros

y con su dulce indulgencia ellas nos ayudan a despedazar
nuestra corteza interior

cuando la piel congelada del viento
se extiende sobre las últimas ciruelas azules
a comienzos de noviembre

yo continúo arrastrando mi vida allá y acá
y al atardecer me sorprendo
mirando a veces ausente
las cagarrutas de las moscas en la ventana
el infinito breve del día rueda alrededor de la lente
(defecto de fabricación sobre la superficie del vidrio)
a través de la cual el error me echa una ojeada
desde más allá

*

GRANO DE GUISANTE

una vieja deuda con César Vallejo

en las auroras que atraen a ellas los colores del crepúsculo
asaltado por hipos repetidos
te cansaste de hacer a la muerte proposiciones
estéticas
cierras los ojos para verte en ellos

plantado de buena fe en tu propio vuelo
desde tus alturas provisorias

el alejamiento te habla
con cifras achatadas
3 33 232 7777777.   hoces
y guadañas cercenando en sentido contrario de las agujas del
reloj
el tiempo acumulado en el fondo de ti mismo

tú no eres sino
el grano de la mitad de la hilera
en una vaina entreabierta

*

LA HORA DEL PERRO

con el cuello rígido hacia el cielo nocturno
dejas al perro husmear
a su pareja fantasma

una sospechosa compasión de humanidad
para ella misma y para mí
me asalta de golpe
bajo la clara indiferencia de las estrellas

la tarde desteje el frío
de mi viejo suéter
la oscuridad me manosea circunspecta

vuelto a casa observo incrédulo
las ramas que se mueven en la ventana
señalando
un oscuro peligro

guardo su forcejeo bajo los párpados mientras
la luz exterior palpita
como la leche recién apagada

la noche se escurre de adentro hacia afuera

*

EXPLICACIÓN

vence el plazo — ya ves — de la fermentación
en el grano de trigo
un reloj de la tierra gira en su pecho
una torcida ley del reposo elige el corazón
y el vuelo de la flecha en el aire se ennovia con el vuelo del pájaro

y entonces ya no sabes si es demasiado
si no es demencial el infortunio
del hombre solitario a quien
incluso la insistencia de la muerte le aburre
como si no le bastara la soledad del mundo

y empiezas a buscar la explicación de las explicaciones
en la menos tuberculosa de las enfermas
en la menos sifilítica entre las suicidas
con todos los puñales hundidos en el vientre

quieres esconder en la boca de esta enorme miseria en la concavidad
                                        |velluda del espacio
entre días y noches — embudo lleno
de hipótesis

                                        tú
viéndote a ti mismo en el mediodía peninsular
en algún lugar en Turín o Noturín
yendo al encuentro de tu propia locura
disfrazada de caballo
al que besas entre los ojos

*

FILM

islas cuya memoria coagula el archipiélago
de las nubes que estallan en el cielo nocturno
exilio

mientras una resignación demasiado joven no cesa de agitarse
y en suave sordina se insinúa
como en el film mudo la cabeza del rey
cae rodando lentamente a tus pies

el decapitado eres tú pero escondido en la convicción
de que también permanecen secuencias no consumidas
del pasado todavía posible

así pues tú escoges de nuevo lo provisorio y el modo
            inexplicable
de vivir al margen de lo que sucede

con la tenia del tiempo en las entrañas
como un ovillo

(si puedes elegir)
cuando nada se negocia
y sólo el sol desmoronándose sobre los acantilados del horizonte
queda como la gloria senil de la desesperación

*

MONTAÑAS

y de estos acordes gloriosos del ocaso
a orillas del gran océano
surgen de pronto las montañas para saludarte
las montañas que continúan creciendo en tu memoria

el Otoñal
      Heniu
           el Suhard a lo lejos
cumbres de sombras arboladas
de la infancia jamás tocadas por el tiempo

RÍO TRANSFORMADO EN RÍO DE LLUVIA

aturdida soledad silba en tu oreja
y escuchas que te llaman en ciudades donde nadie te conoce

un asombro repentino invade las nubes
un límite turbio roza la copa de los árboles
imprevisto atropello del viento denso y verde

vuelo petrificado del árbol desde las raíces
                    tendidas hacia tu pasado

goma de polen nómade
                primavera súbita

la certeza de que sólo tus muertos continúan amándote
en la ausencia-presencia que no entiendes

tus muertos deportados en un alejamiento que se borra

río transformado en río de lluvia

*

UN GALLO PARA ASCLEPIOS

se va de mí este verano
ningún canto lo retiene ya
Sócrates danzará en sus vastas colinas enfermo de vida
        el verano se va...

HOLAN

Filemón el poeta cómico
un siglo después de la muerte de Eurípides
se jactaba diciendo que si los muertos no perdieran sus
sentimientos
se ahorcaría sólo para poder hablar con él

y yo con Holan — el estigmatizado con una H
de Hamlet...

*

EL CAPRICHO DEL OLVIDO

solo en el olvido los recuerdos guardan su fuerza
y el color vive aunque congelado en las hierbas
prisioneras del hielo a orillas del río

y si el torrente los recoge en la superficie y el deshielo
los libera
ellos comienzan de nuevo el capricho del olvido
impacientes por reencontrar su extinción

hacia su propia extinción la poesía intenta tasar en su alma
las nueces caídas sobre la hierba hace algunos años
imitando los gestos de posesión

¿pero quién sabrá detenerla si los dedos del poeta
están aún manchados con aquella lejana sangre verde?

HOJA CON UN SOLO LADO

así las cosas nada podría reconciliarte
cuando lo horrible te lleva justamente ante el drama
que tú tratabas de evitar llamándolo

entonces todas las hipótesis patéticas
golpeaban a tu puerta
con su aire inocente

sé que es complicado
pues el exterior parece más simple
que una hoja con un solo lado

pero sólo aquel acorralado por la horrible noticia
una mañana con cipreses que dan un salto al mar
desde los acantilados del goce
(y la luz se niega a oscurecer)
entiende

*

KAIRÓS

el árbol abraza a la lluvia
y tú de ahora en adelante
te quedas seco
bajo las ráfagas oblicuas del pasado
aunque las nubes se acumulen sobre la casa

resistes
lamentando la espera

del tiempo en que esperabas la vida
y su momento propicio

(kairós para los vagabundos que viajan
sólo porque viven en abandonados vagones
de líneas férreas muertas)
sin duda estás aterrado
y preparado para ver en la esfinge
tu propia desaparición

al mismo tiempo que ríes
sacas de tu manga con astucia
el olvido bien acomodado

*

SOL DE NOVIEMBRE

armisticio precario
el sol de noviembre acaricia mi rostro
los surcos menos gloriosos que
las arrugas del espacio-tiempo
con su vejez
        en una juvenil prolongación

el crepúsculo me inunda
y bajo los párpados entreabiertos empiezo a cambiar
la luz pálida en una irisación de tinieblas
vanguardia de la materia negra
que envuelve lo visible

y yo olvido...

EL CONTENIDO DE LA AUSENCIA

...y al final la sorpresa de saber que no hay nada
para decir
de lo que continúa tomando su impulso reiterado

la enfermedad se transforma
en una aletargada infelicidad

visibles en los muros del cuarto abandonado sólo quedan
las aristas de sombras
de viejos muebles y cuadros
confiscados por flemáticos agentes judiciales

si no era sólo el contorno de su ausencia
proyectada por la obstinación
de la locura

o el comienzo

De *Sombras y Rompeolas,* 2010   Traducción Catalina Iliescu Gheorghiu

POEMAS PARA ULYSSE

**

lejos está todavía la noche del final del sueño
como los átridas de la orilla de su infelicidad

con artimañas de mujer azuzan los dioses
hazañas bélicas de quienes
batallan por alhajas femeninas

y resplandece en el vientre del caballo
troyano donde nos hacinamos
el bronce de nuestras espadas

y Ulises cierra la escotilla

la escalera fue subida adentro
oímos cómo crece en nuestras espaldas
el sudor de la muerte

en la costa lejana harpías vuelan en picado
a través de las grietas la luz exterior
nos trae la mentira del día de mañana

el descenso se hará de cabeza al Infierno

**

con entrañas emanando vaho
con leche y miel tú seduces
a las convocadas sombras
                    astuto Ulises
no por la revelación guiado
sino por la impaciencia
que es tu vida

tú que en oráculos nunca creías
tratas de descifrar
el alfabeto de estas mandíbulas
que le dan ante ti
al silencio
miles de vueltas

su presagio de ceniza
aprietas en tu puño
como una orden

tu orgullo tiembla en ti
pues no consigues robarles
el secreto de la eternidad

**

en soledad
y desbordándote hacia dentro
rebasando los bordes de tu ausencia
como la sombra absorbida por el propio árbol

duermen
en el recuerdo sobre prados veraniegos
las mujeres de tu pasado
tocadas por la anafrodisia

áspera como la del ternero
era la lengua de tu juventud
en la cima de los verbos y de las vulvas

la mudez de tus sentidos sustituye ahora
este enorme barullo que bulle
sin salirse

el silencio dentro de ti tiende cientos de dedos
hacia oleadas de senos
y de susurros

te has vuelto bramido en columna
desmigajado
espumajo
hilacha

perplejo al ver lo poco que contiene ese poco
y cuán poco tiempo te queda para entender
la poquedad

JARDÍN TROPICAL

Yo no pensé que duraría la dificultad de adentrarse
en esta ausencia tuya que se me abre a diario
con la presencia de tu ausencia
madre

de buena madrugada cuando mi sistema reflexivo
sale a tomar el aire con la máscara del sueño todavía acuosa
con los espantos de la noche todavía chorreando por mi piel
algo en mí que debió mantenerse en vela
que es contrario hasta en sueños a cierto pensamiento
antes siquiera de haber sido pensado

yo no pensé que tanta terca inaceptación habría contra
lo definitivo
como si en algún lugar quedara una puerta sin abrir
una oportunidad sin explorar...

mientras chocamos contra los cortantes filos
que te hierren antes de percatarte dónde, cuándo
pues hay ocultas ofensivas de las cosas

y si el olvido llega ... ¿cómo es que no ha llegado?

o si existe un tiempo para él ¿cómo es que mi tiempo interior
no lo conoce?
como si una gran imposibilidad no del todo completa
te mantuviera alejada
hasta que este contratiempo o desnivel de nuestras vidas
pudiera corregirse por sí solo
o incluso por la suma de complejos rumbos de galaxias
durante el tiempo incubado largamente por una humana perezosa
intuición...

esta imagen tengo al ver a la pava real
del jardín tropical donde me encuentro (abandonó sus huevos
con suicida indiferencia
bajo el influjo de una aberración de su instinto
y los incuba ahora sólo el viento)

mientras el mar vibra no lejos entre los mangles
de la orilla y los cocoteros reinciden en los signos del vuelo circular
con una única preocupación, la de ascender hasta las nubes

y tengo alrededor mujeres lugareñas
mulatas imponderables
que se inclinan sobre ollas en las que algo hierve siempre
o estará hirviendo en previsión de una cena infinita
mientras sus dedos criban las alubias, abren el pescado, exprimen jugos
de las minúsculas pitangas (parecidas a las frambuesas virginales
                                                    | nuestras)
cuecen arroz y una olleta parecida de maíz
a la que alimentaba a los campesinos transilvanos al anochecer
y todos estos gestos los retengo ante mis ojos

pues al igual te afanabas para tu familia numerosa
en días de cosecha recogiendo heno o en la siega
cuando el mismo balanceo de tu andar con las caderas y el mismo
halo de olor a hembra sobre ti
igual que estas mujeres bamboleantes de Bahía
otras mujeres acudían en nuestra ayuda en ese otro mundo
del que tú no faltabas

huele a humo en la isla
a expedición hacia tierras salvajes
a amenaza y a fuegos de aviso
huele a acecho en los matorrales de la orilla
y en las grutas de la costa que a las víboras congregan

y huele a piedra chamuscada, a clavo oxidado y a helecho
que viste el tronco del *sapotizeiro*

salieron de lo hondo mil raíces que lo enredan
en una simbiosis que se detiene justo antes del ahogamiento
diríase que aquí raíces huérfanas de tronco atacan árboles de peso
y mueren juntos abrazados tras unos cientos de años
deshabitados hoyos surgen bajo la suela de la casa
y hojas dentadas que cortan el viento en rodajas de sonetos

sonetos de boda barroca que siguió al desembarco
tiempo atrás
cuando un desfile de vulvas lampiñas acogían en la orilla
a una panda de soldados de Alentejo con su sudor de varios meses
depositado bajo la coraza de la civilización

las negras asan hoy las nueces de caoba como en los tiempos de esas
⌊*fazendas*
pican pimienta traen aceites vigilan los cocidos
huele de nuevo a aldea transilvana mi mente es un caballo que aparece
desde el mar
o es un perro en la playa jugueteando con el cangrejo moribundo
que las olas arrojaron

mi mente se vuelve mi imaginación aunque tan concreta
que te hablo mientras te traigo agua desde el pozo
te recojo del huerto los tomates y las vainas de los enrames de judías
te saco las patatas de la tierra, te desgrano
las panochas de maíz y te paso la sal
que por despiste (ya que tú también me estás hablando)
no encuentras

tus ojos vigilan ya el otoño que me arranca
de tu lado para llevarme a la escuela entre extraños

odias la escuela, odias la ciudad, odias cualquier partida
que me pudiera ser de ayuda y de provecho
si ese provecho empieza separándonos

eras la única en saber qué significa la separación del hijo
dónde empiezan las ausencias y donde acaba la felicidad
la gente se burlaba de ti y de tu materna exageración
sin ver cuán grande era el desespero
de tu delicadeza con el precio
incluso de aburrirme o apartarme

eras la única en sentir lo justo, que las dichas se rompen
en jirones tras tales separaciones
se rompen en tristezas largas y en pérdidas definitivas
de las que el alma nunca más se cura

y si yo no consigo hoy entrar en tu ausencia
para habitarla y con la mirada atravesarla
como si fuera la ventana que me muestra un árbol
que atrapa el viento como se atrapa una mota de los pensamientos
y si durante tanto tiempo permanezco ante la puerta de tu ausencia
con llave falsa
y rehusando entrar
quiere decir que es mi turno entender lo que tú
ya sabías cuando no aceptabas nuestra separación

me he convertido ahora en tu madre
porque yo sigo aquí y tú te has ido
y ni siquiera espero que vuelvas tras la escuela
de la eternidad
adónde te mandaron ¿quién?

encima de la isla una distorsión del relieve hace sitio
a esas nubes que vienen cargadas de oro desde Minas Gerais

y diamantes del condado Diamantina
y en su sobaco veo una luz oscura
que se convertirá en noche brusca alumbrada por la Cruz del Sur

madre yo no pensé…
pero quizás Drummond lo dijo ya cuando interrogó
al mismo Dios al tiempo que lo regañaba
por también llevarse a las madres de este mundo
las madres infinitas, como las llamaba

yo no pensé ni pienso
y prueba de ello ya ves mi mente que se cierra
y aparta de ella todo lo que no cabe en el alma
por lo enormemente estrecha que se vuelve el alma
ante lo irreversible

y si aquí me hablan árboles y hierba e incluso
ignotas constelaciones de este cielo
tan nuevo para mí
igual de nuevo como me parecen las recias nervaduras
las raíces de la vida

¿es porque algo acaba?

¿porque comienza algo nuevo?

De *Primavera en Praga,* 2017   Traducción Catalina Iliescu Gheorghiu

PRIMAVERA EN PRAGA

En agosto del 68 conocí a una mujer con sentido de la
    historia.
Ofrecía bebida gratis a todos en la taberna de la estación
de Saratel, nudo ferroviario
de mi Transilvania.

El Ejército Rojo había entrado en Praga para liberarla de
    sus propias ilusiones.
Yo no me había enterado de nada; era solo un
        universitario de vacaciones
que regresaba a casa absorto en mis amores complicados,
        debatiéndome
entre la idea de hacer algo y la idea de atreverme a hacerlo.
Praga quedaba no muy lejos de la Patagonia; mi alma
habitaba la nube
de mi propia confusión; y ella lloraba.

Lloraba sin explicar por qué y nos invitaba a copas;
tal vez recordaba el sabor de la leche quemada
pues no era la primera vez que la historia bullía y se
        derramaba,
y quizás presentía que la guerra estallaría de un momento
        a otro;
la urticaria del poder había irritado de nuevo
al Kremlin, y los soldados rojos atisbaban de nuevo Malá
        Strana
a través del periscopio de sus tanques.

Nuestro gran dirigente aullaba por los megáfonos:
decía que había ocurrido algo inadmisible
y eso me hizo escucharlo por fin con algo de interés.
Me preguntaba qué dios de la comedia
soplaba tan patéticamente su clarín gangoso.

Aún circulaban viejas locomotoras por aquella zona.
Conducían la res de hierro hacia el abrevadero y, una vez
saciada su sed, también nosotros cambiaríamos de rumbo.

Pero nos llevó largos años cambiar de rumbo.

Y otros igual de largos hasta que yo llegué a Praga
y reparé en la quemadura ocasionada por Palach
en una piedra de la plaza de Wenceslao, la de la
        autocombustión,

donde ahora me hallo, confundido aún más por la vecindad
de un Jan Hus labrado en bronce en plena sublevación
y sin embargo atónito al corroborar que el aire del
        comunismo
no consiguió erosionar la insolente melancolía barroca de
        la ciudad

y que sus puentes siguen
dando saltos de canguro de una orilla a otra.

Te imagino conmigo de la mano, caminando
hacia la casa de Holan en Kampa para acariciar los ojos de
      su efigie en el muro,
tal como él mismo aconsejaba frotar los ojos del dinero
en los tiempos en que su mudez inconsolable
asaltaba a los transeúntes desde debajo del puente.

Holan te llamará Gordana o Maria Maria,
Oana Mihaela o Luniana;
es decir mujer-mujer, igual que una oropéndola
se llama *Oriolus oriolus*, hamletizando sobre lo imposible,
mientras que yo seguiré caminando a tu lado
cada vez más lejos de la posibilidad de estar cerca de ti.

Tengo que presentarte a Holan, pues aquí en Praga
la primavera ha sido un súbito milagro en medio de mi
      síntesis
y de mi andar titubeante hacia el pasado,
y tropiezo con fantasmas interiores
como si fueran hombros de transeúntes sobre el Puente
      Carlos,
allí donde el atardecer mira con ojos desencajados desde
         cada negra estatua,

mientras las perlas de las cascadas del Moldava
prolongan la sonrisa luminosa de tu ojo derecho,
pues el izquierdo es mi morada, donde siento el cálido
y trepidante hombro tuyo, que dócil se abandona a mi mano.

Con una varita mágica convocas a Smetana
junto al sonoro vaivén del río que rodea las llanuras de

Bohemia,
y una niebla invisible atraviesa las compuertas del
         atardecer
de alma en alma; y la misma levitación
nos sostiene en el aire, sobre el Castillo,
mientras yo sigo envejeciendo, cada vez más gris.

Y sigo poniendo en palabras la indecisión
de quien regatea con sus emociones aunque no tiene
más remedio que gastarlas; a sabiendas
de que tu belleza intangible tolera,
como un indefinido y algo ridículo exilio,
este andar mío que anhela mantener mi paso junto al tuyo.
Y si algún rastro de sensatez quedase de este repentino
brote de pasión, no serviría más que para darte
tímidamente la mano por miedo a mi concupiscencia.

No intentaré entender qué ocurre en la mente cuando
         el misterio
es confiscado por el misticismo de horóscopo de las
         peluqueras
que sostienen que el destino traza tales encuentros,
aunque admito, sí, que soy aliado de
lo irracional en este súbito fervor
y a quien en mí se rebela no le queda
más que beberse el vino de mi copa
y pedir luego otra,
aunque ya nada sea gratis.

En tu cuello palpita mi nariz que respira ávidamente
como hocico de caballo que busca la cebada
en su zurrón ante las cámaras de los turistas,
aquí, en estas calles de parsimonia crepuscular;
y de repente me zambullo en el remolino de la cascada

ahogado en una música difusa,
y toda clase de preguntas brotan a borbotones de mis ojos,
de mis orejas, de las grietas de mis recuerdos: ¿cómo, cuándo
y dónde se han ido amontonando todas, todo este tiempo?
¿Y por qué mis viejos ímpetus centellean como aureolas
estremecidos por la resignación?
¿Dónde reside el principio del presente, y cómo establecer
desde allí mi partida?
¿Y *ubi sunt qui ante nos*, con los poros de su piel
frecuentados por los poros de la mía desde los tiempos
en que el sudor de mi mano navegaba caliente por el
        sudor de otras manos,
en aquellos veranos en que el ardor de mis emociones se
        mezclaba
con el delirio de otras emociones, de otros atardeceres
        infinitos?
¿Y por qué unas promesas inverosímiles
tiran de nuestra solapa fuera de la cascada donde nos
        ahogamos,
y la primera bocanada de aire en la superficie
es el extraño regocijo del casi ahogamiento?

Sé que no tengo a quién venderle esta furia;
tampoco puedo cabalgar río arriba hacia los sonoros
umbrales de las emociones turbias
del principio de la emoción.
Pero el misterio de la fotosíntesis me convierte
en una hoja que absorbe el resplandor que tu luz
irradia sobre la primavera de Praga.

Por lo demás, hacía tiempo que por la diagonal de mi ojo
        cruzaba
alguna de aquellas *puella defututa*, sin que *odi et amo* yo
        cayera

en la tentación de mostrarme orgulloso (*fieri sentio*),
      gallardo,
presente y vivo a la vez, en la plenitud de mis fuerzas,
      ¡valiente Catulo!

Y vi que los apóstoles del reloj solar no se decidían a iniciar
      su corro,
o eso me pareció; nos esperaban para llevarnos con ellos
a su tiempo giratorio. Lo cierto es que hay algo que me
      arrastra
sobre estas aguas, y Kafka me transporta
silbando sobre los hombros de su horrible estatua, y el
      Golem parece
amarme e incluso el señor del Castillo me promete una
      audiencia
solo para explicarme que la postergación es un regalo
envenenado del tiempo, aunque al final me anime sarcástico
a resignarme, pues de ningún modo
mentula conatur Pipleum scandere montem...

Quizás mi tosco amor por tantas Lesbias me acostumbró
a aullar a las puertas de frustraciones indecentes;
pero el aire de esta taberna donde Holan y Catulo
se sientan en mi mesa junto a ti
me vuelve humilde, incluso gentil.

De modo que, aun cerrados, tus ojos se iluminan
cuando juegan con los reflejos del río, que fluye
      directamente hacia tu boca;
y yo presiento que ocurre algo más allá de mi intención
de acudir al estuche de metáforas
y trucos de palabras (los típicos
que se le antojan a un poeta hambriento),
y a mi caja de limpiabotas que me ayudó

a mendigar amor en el pasado,
aunque después, si te he visto no me acuerdo... No.

¿Por qué será? ¿Y a qué se debe esta invasión, y la pérfida
espada de sudor frío sobre mi tibia columna vertebral?
¿Y por qué mi pie tiembla sobre mi pie sereno?
¿Y por qué agito los brazos en el aire, aun cuando mis
       hombros están anquilosados?
¿Por qué intento atrapar el sonido de este poema
como quien caza moscas y solo consigo desmenuzarlo
distraídamente entre los dedos, como un trozo de pan
olvidado en la mesa por los saciados que me precedieron?

¿Acaso se entiende algo de todo esto? Cuando tu
       primavera está en Praga,
tú también debes estar en Praga. No es bueno dejar a la
       oportunidad
con la mano tendida, ni tampoco dejar que Kafka escriba
       tus cartas
a Milena, si Milena es tu amada... Por más que ante las
       instancias
proletarias fuera él quien te regaló el absurdo antaño,
cuando tu condena parecía a su vez definitiva
en la colonia penitenciaria de una antigua patria.

Y si no eres capaz de ver en los caprichos del destino el
       gran don
de una vida desesperada, ¿de qué sirve paladear el vino,
de qué sirve seguir las vías del tren,
con o sin billete,
esperar y pagar, solo para sentirte más tranquilo,
menos deudor; incluso engañarte pensando que la
       electricidad estática
que fluye por tu escroto aún conseguirá sacudir el
       músculo batracio?

La primavera en Praga es una estación en sí:
te ayuda a entender que la primavera ha terminado
ahora que las estaciones son apenas repetición
de la abundante inercia del vivir.
¿Y después, qué?

Que es demasiado tarde... ¿será esta la revelación?
Incluso una guerra,
si estallara ahora (y vuelve a ser una posibilidad
en mi vida, a la vista de lo mucho que les pica
el orgullo a los imbéciles que votamos para que lo
    destruyan todo,
con sus plácidas descargas en las agallas y su ego galvanizado),
no me incumbiría...
Tomaría un tren,
apoyaría la cabeza en la ventana en el sentido de la marcha
y, mucho más precavido ahora,
mantendría los ojos casi cerrados, a sabiendas
de que las locomotoras del futuro escupen solo tierra
    batida y humo
y de que cuando miras hacia delante llega un momento en
    el que empiezas
a ver solo aquello que se aleja de ti.

Y en la última estación, los mismos ferroviarios inertes
se deslizarán entre las vías, balanceando sus tenues
linternas, siempre a disgusto con nuestra presencia,
mascullarán —como de costumbre—, y seguirán
        inspeccionando
la misma estructura con inexplicables
cruces entre las vías rectas y curvas, y con señales amarillas
solo por ellos comprendidas, ellos, tan ingeniosos en
        desastres y catástrofes,
ellos,

que deciden nuestros cambios de agujas,
el mío, mientras tú
no dejarás de agitar la mano, despidiéndote de mí...

*

MI PADRE

Mi padre tenía una indignación latente,
me daba cuenta con solo olerlo:
exudaba una especie de amargo resentimiento.
El aire oscurecía, él se volvía áspero y brusco
en cuanto aparecía algún "camarada".

Pero también era astuto, con esa tristeza que otorga
la lógica polivalente —¡perdón por la afrenta!—,
y les daba palique para protegernos,
los hacía pasar al patio, los recibía
aunque se desgarraran sus entrañas al hacerlo.

"Coge una gallina, mujer, saca el queso,
trae los vasos, pon el alcohol", le ordenaba
en ráfagas a la inocente
de mi madre sobre quien descargaba estos truenos.

Seguía un jolgorio triste, y él no bebía,
no comía, no hablaba,
aunque a veces emitía palabras
observando a escondidas el bulto que hacían
las pistolas bajo sus camisas.

Me enseñó que existe también la dignidad
de dejarse humillar para seguir siendo digno.
Me dejó su sonrisa apretada
clavada
justo en mi frente,
como una estrella partiéndome el cráneo.

*

CARTA A CÉSAR VALLEJO

Ha tenido que pasar otro decenio, sí,
desde la última rosa blanca que dejé sobre tu piedra negra
de Montparnasse, donde espero que al anochecer visites
a Cioran, ahí, a dos pasos de ti; aunque yo creía
que huía de ti para siempre, después de que ... ¿no es increíble?
escribieras que Marx solía lavarse en el mismo río, un poco más abajo,
que Heráclito el infatigable... para reencontrarte.

¿Qué más da?
me digo hoy, eran solo unas pobres ideas
que te hacían perder el juicio cuando intentabas
olvidar el ardor del duodeno dentro de tu alma,
vaciado incluso del mal que te iba matando de hambre.

He pensado mucho en las cascadas de tus utopías
que la aridez de la historia ya iba secando
y sé que no rendiste cuentas a nadie,
porque tú, el minero, el preso, el mestizo-feudal-proletario
montado en tu burro peruano del Perú, con un poncho
trans-racional sobre tus hombros

doloridos desde hacía algunos siglos, no hablabas
de nuestras pobres aflicciones europeas...

Sino tan solo de las del hombre, sí, el de Gondwana,
el de antes de haber surgido de dentro de la matriz
del sufrimiento-*mamá*, que nunca nos explica
porque nos amamanta y nos mata, sí...
pero entendí que te atrevías a levantar la piedra
que hacía casi dos milenios, otros, ya cansados,
habían dejado de tirar a las tablas de la ley, porque ya nadie
rendirá cuentas... tu desespero pernicioso
me es ahora necesario, incluso para la euforia
con que golpeo mi frente contra todas las piedras...

Me entristeció sin embargo ver cómo te tomaron el pelo
los escenógrafos kulaks, paseándote por sus soviets,
modificando para tus visitas el aire, el horizonte
y el desfase horario, para que ni siquiera pudieras sentir lo mal que le olían
los pies al Kremlin...

Tú, el único imposible de ser comprado, ya que te vendías por nada,
y creías en las palabras que ellos engrasaban con tocino
y tampoco veías cómo los nuevos fariseos clavaban
aún más hondo los clavos de tu propia crucifixión
fingiendo levantar tus cadenas...

Y perdiste al único "camarada" que habría podido
ser, después de todo, tu hermano de sangre, de hoz, de martillo
y de migas de pan... a Panait Istrati, a quien salpicaste
de barro, quizá porque había visto
aquello que tú no sabías, no creías y no querías
creer — lo mucho que maltrataron al proletario precisamente —
cuando gritó la podredumbre de su indignación que estallaba

del volcán de barro de su soledad y que, en ti,
solamente hervía...

En esta internacional de los vencidos, deja
que te diga que el destino, por muy canalla
que haya sido contigo, te eximió de vivir un día,
solo un día, de los de verdad, en una cárcel nacional
de la internacional comunista — ¡perdona
la maldición que no puedo callar!

Está bien que haya sido así, a ti te quedan tus ilusiones,
a nosotros las capas de tu rabia, tú, despellejado vivo,
con tu tristeza como piel marchita pero vertebrada
por tu orgullosa misión cristo-poética
de expiar la culpa de tantos *cholos*: la cobardía vital
con que nosotros, los demás, evitamos
preguntarnos de por vida ¿qué?
¿cuándo? ¿cómo? ¿quién? ¿por qué? y ¿hasta cuándo?
será nuestra propia vida...

Me dices que es importante que continúe
escribiendo, aunque sea con un palo en el aire, porque
el acento proparoxítono del verso
se abre y nos abre él mismo
el camino y solamente una vez
pasa por delante de nosotros y levanta una rama
para enseñarnos el camino...
Y yo, tierno hermano mío, siento que me abrazas
con ese aire misterioso que desprendes a tu paso...

ACASO SOMOS ESTÚPIDOS NOSOTROS?
¿ACASO LOS DIOSES...?

Un metro sesenta más o menos medía un olmeca
de los que no lograron esconder para siempre
sus huesos en la tierra
                    y ahora por casualidad se topan
a veces con ellos los arqueólogos al escarbar
buscando ciclópeas cabezas
de piedra esculpidas hace miles de años
por las mismas pequeñas falanges que manejaban hachas
de pedernal aun más diminutas...

El milagro de esta vecindad con gigantescas
testas humanas talladas hace tiempo
por dedos frágiles de hombre
justo en la columna de los montes
se repite en los barrancos de Xalapa
cuando la sequía chupa el agua de los ríos y el tiempo
levanta el pañuelo de la corteza del misterio
y se secan en los pantanos de Tabasco los limos
traidos desde los montes;

o bien si algun antiguo Ceiba
saca las vigorosas raíces al aire para hojear
lo que hay de nuevo en nuestro calendario:
¿seguirá creciendo el maíz? ¿acaso aletean todavía
en los cielos de los bosques color verde que acuna
las plumas de aquellas aves imperiales Quetzalcóatl?
                        (antes su ornamento
adornaba las testas vivas de los gobernadores
de aquellas tierras — gigantes reyes aldeanos...
apáticos y vagamente recostados
en yunques de piedra — como

tronos galácticos de donde sospechamos que todavía
nos miran de soslayo interrogantes
en los museos)

Con su mirada interior se veían enormes a sí mismos
redondeados por la presión de los volcanes
que refunfuñaban desde el fondo del triásico
                              sonriendo benévolos
con la ironía de silex de una eternidad
que no tiene necesidad de expresarse.

Es evidente, el misterio de su ser
se mofa de nuestra curiosidad nuestras preguntas
sin importar cúanto nos damos con la cabeza en la piedra
para entender de dónde aparecieron

... ¿y qué esconde su insólito hermetismo?
... ¿y por qué callan sus bocas anchamente abiertas?
... ¿y cómo es que lograron deslizarse en sesgo
como una placa tectónica de un océano a otro
por Mesoamérica colándose entre los
aztecas del norte y los mayas del sur?

Tal vez eran menos desenvueltos que sus vecinos
en derramar la sangre y andaban
sin cabezas puntiagudas sino más bien redondas
como la luna nueva bajo sus cascos de infantería
con garras de jaguar y águila
en sus vendajes de piedra;

pero sin vacilar cuando las señales de los cielos
pedían que las cabezas humanas rodaran desde la cumbre

de las pirámides y que la sangre humana brotara
directamente en las copas de los dioses desde aquellos
corazones arrancados
seguramente bajo los vítores de multitudes excitadas.

Es cierto que la situación no les convenía a los
no del todo preparados para ser hendidos
por hachas ritualistas de
sacerdotes-carniceros… pero el sistema funcionaba
cuando funcionaba
y llovía cuando llovía
                       hasta que se estancaron las ruedas
del calendario y el circuito de las nubes
                   y a un momento dado
todo se desparramó del eje del tiempo en desorden
porque el mecanismo de su mundo se había estropeado
quizás justo porque del otro lado del océano
les llegaba la historia con mayúscula
eso dicen…

¿Se habrán hartado los dioses del istmo
de tanta sangre? los descendientes de aquellos
sin corazones y sin cabezas recibieron un día
la cruz transatlántica
                  un tanto más simétrica que
la cruz cósmica que amanecía en Palenque
del pecho de aquel rey maya
el astronauta Pakal
cuando el 31 agosto 683 nuestra era—mas no
la suya — irrumpía en vertical hacía otro mundo;

Aun cuando sus dioses hubieran quedado irremediablemente
descontentos con el cambio de los tiempos

los descendientes de los decapitados les siguieron
fieles y continuaron
representando sus rostros en las piedras
esculpiendo de memoria
algo achicados (es cierto) pero solo
para esconderlos mejor en cuevas
bajo raíces en bosques bajo cascadas
incluso bajo su aliento muerto
con tal de evadir la furia de las conversiones.

A veces sus templos se difrazaban
como colinas naturales en el paisaje
velado por el sueño despierto de los volcanes
y solo el azar taladrando desde la profundidad de un
montículo sobre el que se elevaba ya
la nueva Casa del Señor
probaba que en el sótano de la catedral permanecía escondido
algun antiguo templo como un granero con los granos
fosilizados;

¿Cómo seguir confiando en las colinas
cuando cada joroba en el paisaje puede esconder
un templo?
                              En todo caso la muerte de los antiguos dioses
parece definitiva y ahora ellos ya no podrían contar con
la buena voluntad de aquel borracho Tlacuache
(monstruo con dedos de niño pero de buen corazón puesto que
sentía compasión por los pobres dioses que
no tenían ni luz ni alimento ni qué beber
y casi nada en su paradisíaco paraíso)
pero todas estas cosas abundaban en el infierno — más el tabaco
más la vainilla el cacao y hasta el mezcal con el cual
en su alegría general se embriagaban los demonios sin pizca de

pudor — mientras que nuestro monstruo humano
robaba estas cosas para los dioses
pobres dioses
arriesgando abrasarse por completo
porque les traía el fuego encendido en su propio cabello
y en su propia carne;

Solo la leyenda sabe por qué este Prometeo
amerindio (mitad hombre mitad liebre coja
dirían en mi aldea) ayudó
a los seráficos (y no a los hombres)
      lo cierto es que los dioses
no lo recompensaron ni a él ni a sus descendientes
prometeicos…
      Y si observamos con una leve
atención a los desdichados que duermen hace años en las calles
de estas enormes nuevas ciudades larvarias apiñadas
bajo la calima rojiza de las olas de contaminación que
tiran el cielo abajo;
      O si nuestro ojo se detiene
por lo menos un instante para fijarse en otros descendientes
prometeicos que hoy se abren camino con sus caras redondas
y petrificadas por el sufrimiento entre los autos
en los peajes de las autovías
donde se paga el derecho de tránsito…
      Intentando
      con oprimida humildad vender unas tortillas
de maíz o calcetines chinos y sospechosos
líquidos verdosos en recipientes de plástico reciclado
lo justo para no morir de hambre hasta el
siguiente día;

Parecen ahora moldeados con el barro pálido de la mundial
indiferencia desprovistos de sus altares y sin dioses
en sus casas (si aun las tienen) en este mundo
donde hasta sus antiguas tapias han quedado
a veces en pie pero ya nada es de ellos
¿Acaso son estúpidos y canallas los hombres?
¿Acaso los dioses?

(Poema original, 2023)

Traducción de rumano: Gabriela Capraroiu

Sobre el autor

Nacido el 24 de junio de 1947 en la región de Bistriţa-Năsăud en el norte de Transilvania, el rumano **Dinu Flamand** es un poeta, ensayista, periodista, traductor y comentarista político de la prensa rumana e internacional. Como estudiante fue uno de los fundadores y empleados de la revista literaria *Echinox* que ha influenciado a generaciones con su espíritu anti-dogmático. Después de estudiar filología en la Universidad Babes-Bolyai de Cluj, licenciado en 1970, trabajó para varios periódicos, revistas y editoriales en Bucarest. A finales de los años 80 se le concedió asilo político en París, donde denunció el régimen opresor de Rumanía en la prensa francesa (*Libération*, *Le Monde*) o la radio (RFI, BBC, Europa Libre). Entre 1989 y 2009 trabajó como periodista en la Radio France Internationale. Después de la caída del comunismo en Rumanía, se volvió a activar en la literatura rumana, publicando volúmenes de poesía, traducciones y ensayos. En 2011 fue galardonado con el Premio Nacional Mihai Eminescu por toda su obra poética. En el mismo año fue nombrado asesor del Ministro de Asuntos Exteriores y ministro consejero a la vez que representante de Rumanía en la Organización Internacional de la Francofonía. Su producción literaria, especialmente de poesía y crítica literaria, es enorme. Sus libros han sido traducidos y publicados en muchos países, entre ellos España, Francia, Italia, México, Portugal, Alemania, Chile, Colombia, Grecia, Israel, Honduras, Republica Checa, Moldavia y otros. Entre los títulos más importantes se incluyen: *Apeiron*, 1971; *Poezii* (Poemas), 1974; *Altoiuri* (Injertos), 1976; *Stare de asediu* (Estado de sitio), 1983; *Viaţa de probâ* (Vida de prueba), 1998; *Frigul intermediar* (El frío intermediario), 2006; *Umbre şi faleze* (Sombras y rompeolas), 2010; *Veghea şi somnul* (La vigilia y el sueño), 2016; *Primăvară la Praga* (Primavera en Praga), publicado en 2022 en la Colección Visor de la Poesía en España. Entre los libros recientes: *Om cu vâslă pe umăr* (Hombre con un remo al hombro), premio nacional Lucian Blaga. Como traductor se dedica principalmente a la literatura romance, traduciendo del francés, del español, de italiano y portugués. Entre los autores que tradujo cabe mencionar a: Fernando Pessoa, António Lobo Antunes, Carlos Drummond de Andrade, Vinicius de Moraes, Umberto Saba, Mario Luzi, Samuel Beckett, César Vallejo, Pablo Neruda, Philippe Sollers, Jorge Semprún, Antonio Gamoneda, Jean-Pierre Siméon, Omar Lara, Luis García Montero, Marco Antonio Campos, Mario Bojórquez, Ali Calderón, Marco Lucchesi y otros. En 2022 publicó la primera traducción al rumano de la *Obra poética completa* de César Vallejo. Sus distinciones mas recientes: el Premio de Poesía de la Academia Rumana, 2022 y Premio de poesía Nuevo Siglo de Oro, Círculo de Poesía, Ciudad de México, 2023.

Octubre, 2023
Impreso en Buenos Aires,

Buenos Aires Poetry
www.buenosairespoetry.com

buenosaires
poetry